日・米・独
10年後に生き残っている国はどこだ

髙山正之×川口マーン惠美

JN229692

KKベストセラーズ

まえがき

「川口さんは、以前はもう少し親ドイツ的だったよ」と、最近、髙山正之氏に指摘された。確かにここ10年、ドイツのニュースを克明にフォローするようになって以来、その信憑性《しんぴょうせい》に対する疑いがどんどん膨らんできた。

ドイツでは、公か私かを問わず、常に建前と本音の差が著しい。しかも、建前がことのほか立派なので、素直な日本人はコロッと騙されてしまう。私も以前は素直だったので、そこらへんはよくわかる。

そういえば、フォルクスワーゲンの排ガス不正ソフト事件などは、ドイツ人の本音の部分が図らずもばれてしまった例だ。これだって、露見しなければ、「環境保護を重視してクリーンディーゼルを完成させた優秀なドイツの技術」で収まっていただろう。ドイツ人にもときには失敗がある。

最近、いちばんショックだったのは、尖閣《せんかく》諸島の周りに中国船が何百隻も押し寄せているのに、日本のメディアは嬉々としてリオのオリンピックの報道に明け暮れていたことだ。ドイツでもオリンピックは大きな話題ではあったが、だからといってほかのニュースが隅に押しやられたわけではない。

私の頭の中では、国防はオリンピックの金メダルよりも重要だ。そして、尖閣ではその国防が重篤《じゅうとく》に脅かされている。なのになぜか日本国民のあいだでは、それが最重要事項とならない。この「平和ボケ」につける薬はあるのだろうか。中国だけではなく、日本の軍国主義化を〝懸念〟している国々は、ドイツをも含め、皆、軍事大国だということを忘れてはならない。

髙山氏が週刊新潮で長年にわたって連載しておられる「変見自在」は、私の大好きなコラムだ。取材力もさることながら、世界の色々な場所で、それも異なった時間軸の中で起こっている、一見何の関係もないように見える事象を組み合わる手腕、そして、その共通点をあぶり出していく分析能力がすごい。

ふつうの人が知らない歴史もざくざく出てくる。大国や大人をボロクソにこき下ろすが、どこかユーモアがあって後味が悪くない。しかも、モラルを振り回すわけでもない。このセンスは誰にも真似ができない。だから、一時、氏がある雑誌で匿名コラムを書かれたときも、読んだらすぐに読者の脳裏に髙山氏の顔が浮かび、結局、匿名にはならなかった。

その髙山氏と、対談をさせていただくことになったのは、大変嬉しい。

私がドイツに渡ったのは1982年。アメリカとソ連が対峙する冷戦構造の真っ只中で、日本は出すぎた「経済大国」としてバッシングされ、中国は単なるアジアの「貧民大国」だった。この三十数年で、それがなんと変わってしまったことだろう。

いま、世界は激動の時代を迎えている。理想を掲げてつくったEUは分解しかけ、中東でも、あるいはEUの東壁あたりでも、いつ戦争が起こってもおかしくない。その後ろでは、少々ガタが来ているとはいえ、アメリカとロシアがしっかり糸を引いている。アジアももちろん不穏だ。こんな「動乱」の中、日本人だけが呑気にオリンピックを見ている。

本書は、「日・米・独──10年後に生き残っている国はどこだ」という壮大なテーマとなった。当たるも八卦《はっけ》、当たらぬも八卦だが、髙山氏の胸を借りて思う存分、想像力を働かせてみたい。いずれにしても、すべてを疑ってかかるという私のいまの姿勢は、知らず知らずのうち、氏に影響された部分が少なくないのではないかと、私は密かに思っている。

平成28年9月　秋晴れのシュトゥットガルトにて

川口マーン惠美

日・米・独——10年後に生き残っている国はどこだ

◎目次

第一章

【歴史編】世界大戦以前から、欧米に敵視されていた日本

第二章 【政治編】

バラク・オバマ、アンゲラ・メルケル、安倍晋三――歴史に名を残すのは誰か

第三章 【経済編】

〝安い労働力〟で成り立つ「奴隷経済」の終焉

第五章 【移民問題編】「グローバリズム」と「ナショナリズム」の時代へ

※本書の引用部分につきまして、原文の記述を損なわない範囲で一部要約した箇所があります。
※敬称につきまして、一部省略いたしました。役職は当時のものです。

序章【白人対非白人】

中東情勢が日・米・独の未来を左右する

「イラン・イラク戦争」の思い出

高山　昨今の国際情勢は、「混迷ここに極まれり」という感じだけど、なんと言っても〝中東情勢〟が全世界の最大の関心ごとですよ。

川口　本当にそうですね。ドイツに住んでいると、中東問題が日本にいるときよりもずっと身近です。難民も来るし。

高山　「アメリカ」と「ドイツ」、そして「日本」を語る前に、少し中東問題をテーマにしてお話ししたい。それが、三国が抱える問題を考えるうえでの補助線になると思うね。

川口　中東と言えば、「イラン・イラク戦争」（１９８０～88年）のころ、髙山さんも私も、中東にいましたね。

高山　そうそう、それも〝敵〟と〝味方〟に分かれて――。

川口　はい。ミサイルが飛んできました。

高山　85～86年の２年間、僕はイランの首都テヘランに駐在して、イラン・イラク戦争を間近で目にしました。ソ連で開発された戦闘機（「ミグ」や「スホーイ」）がイラクから飛んできて、爆弾を落としていった。

最後のほうは1日に4回、6時間ごとに落としていく。いかにイラン側の制空権が奪われていたかということだね。イラクの戦闘機は高度1万メートルあたりを飛ぶのですが、迎撃する戦闘機も、そこに届く地上からの対空ミサイルも、イランにはなかった。

夜間に空襲警報が鳴る、市内がいっせい停電して真っ暗になる、イラク軍機が爆弾を落とす、そして窓ガラスが膨れ上がる爆風と大音響……、毎晩がこんな感じだった。新聞記者だから翌日、爆弾が落ちた辺りを視察にいく。だいたい1発の爆弾で40人が死にます。建物は煉瓦建てで破壊程度は見えにくかったけど。

川口　私は、主人の会社がイラクで大きな建設プロジェクトを展開していましたので、83～84年ごろにも何度か足を運んでいましたが、85年からは2年ほどイラクに住んでいました。

戦況が悪くなると、航空会社が乗務員の安全を確保するために欠航してしまうので、使用可能なのは、「イラク航空」か「エールフランス」だけという状態になることも結構多かった。

髙山　エールフランスが安全だと言われていたのは、フランスが武器をイラクに供与していたからだと、当時言われていたね。

川口　私が住んでいたのは、バグダッドから40キロくらい離れた砂漠の真ん中にある建設会社のキャンプで、そこのコンテナハウスに住んでいました。

毎年3月に「春の大攻勢」があって、バグダッドはテヘランとは違い国境から100キロほどなので、イランからミサイルが飛んできます。一度、休日の夜にバグダッドで夕食を食べていたとき、近くにミサイルが落ちて、地震かと思ってびっくりしたこともありました。

市内では、国旗で包まれた棺《ひつぎ》、質素な木製の四角い箱ですが、それがタクシーの上に乗って、墓場に運ばれていく光景がよく見られました。

髙山　イランでは棺を運ぶ光景はあまり見なかったな。その代わり、町の通りの中央分離帯に「ジハード（聖戦）」で戦って殉教したその町出身の若い兵士の顔写真を飾っていた。それがズラーッと続く。

大きなプラカードのように。それが町の真ん中に並ぶのですが、戦争激化に伴ってそれがどんどん増えていった。こんなに若者が死んでいく。戦争の現実を見せていた。ただ、首都テヘランだけは規制されて、そうした遺影に見せなかったけれど。

川口 そういえば、私もシーア派の聖地ナジャフに行ったときは、墓地に若い戦死者の写真がたくさん飾ってあったのを見ました。シーア派のイランと戦っていながら、実は、イラクにはシーア派の信者のほうが多いのですから複雑でした。

髙山 ところで、当時のイラク内の治安はどうでした?

川口 戦時下なので、やはり食べ物や日用品など物資は不足していました。でも治安は良かったと思います。1年に1回、イランによるミサイル攻撃はあったけれど、いまのように、しょっちゅう無差別テロで爆弾が炸裂するなどということはなかった。子供たちはちゃんと学校に通っていました。

当時のイラクは社会主義の国でしたので、女の人たちのチャドルも強制ではなかった。もっとも、バグダッドを離れると女性のほとんどは被っていましたが。

バグダッドでは、男性が戦争に駆り出されたこともあって、役所でも会社でも、ずいぶん女性が進出していました。ただ、あまり働いている様子はなかったかな? きちんとお化粧した女性がきれいに片付いたデスクに座って、人を散々待たせて、マニキュアを付けたりしていましたね。

「民族」対「宗教」の戦争

髙山　イラン・イラク戦争が興味深いのは、両国の戦争に対する態度の違いです。簡単に言えば、イラクは「アラブ人」という〝民族〟を重視したのに対し、ペルシャ人のイランは「イスラム教」というアラブ発祥の〝宗教〟を重視して国民を戦争に動員したということです。

イランにフゼスタン州という石油のいちばん出る場所がありますが、イラクはここを重要な戦略目標としました。その大義名分はこうです。

「そこに住む人々はアラブ人である、アラブ民族主義を掲げるイラクはその地にいる同胞を助けなければならない。これは我々の〝カーディシーヤ〟である」と――。

カーディシーヤとは、7世紀にアラブ軍が、当時隆盛を誇っていたササン朝ペルシャ帝国を破った戦いのことです。歴史的事実としてはこれを契機にイスラム教が勢力を伸ばすのですが、イスラム教の論理はあえて出さずに、あくまで〝アラブ人の勝利〟として、「アラブ人」対「ペルシャ人」という民族的な歴史戦を政治的に利用した。

川口 反対に、イラン側はムスリムの「聖戦」を強調した。「この戦いで死ねば天国へ行ける」と――。だから、イラン兵は前線でも死を恐れず人海戦術でくるので、イラク軍はそれをとても怖がっていたと言います。

髙山 その通り。イランは革命でパーレビ国王が追放されて、シーア派のホメイニーが国を指導しますが、彼の思想はその中でも「十二イマーム派」と呼ばれるものです。「ムハンマドの血縁者のアリーが初代イマーム（指導者）。時代は下って、12代目が9世紀にお隠れになってしまう。しかし、世界の終末を前にその12代目が救世主として再臨する。そしてイランを世界の盟主にして悪を滅し、平和な千年王国を築くのだが、12代イマームが再臨するまでの間はイスラム法学者がムスリム共同体を導く」というのが十二イマーム派の考えです。

その考えによれば、サダム・フセインはイスラムの正義に反する存在であるので、これを倒す聖戦に参加することが「ムスリムの義務」ということになる。

川口 確かに、イラクは生活面ではかなり「世俗化」していました。つまり「ムスリムの義務」をおろそかにしていた。皆、店でも家でもお酒を飲んでいましたし。

高山 その通りですね。これに対して、イランでは革命後、「イスラム原理主義」が導入され、社会生活面でも厳格にイスラム教が適用されるようになりました。例えば、女医は夫でもない男性患者を診察したり治療したりできない。そうすると、女医しかいないときに男性急患が来たときには非常に困る。そんなときは「鏡を通して診察すること」とホメイニー師は命じていた（笑）。

そもそも、イランの王制時代はイスラム至上主義でもなんでもない国だった。そこにいきなり〝厳格さ〟が持ち込まれたので、国民は最初猛反発した。それでも、改革は少しずつ進められました……。

このように、イラン社会が革命で混乱している隙を突いて、イラクが領土拡大を狙ってはじまったのがイラン・イラク戦争だと言うこともできますね。

中東は「荒れているの」ではなく「荒らされている」

高山 ここまでイラン・イラク戦争についてお話ししてきましたが、中東問題は実はもっと深いところにある。それは、「キリスト教徒」と「非キリスト教徒」の問題です。

そしてそれは、「白人」と「非白人」の問題でもある。そのほとんどの場合が、白人が非白人を利用し、不幸にしているのです。

イラン・イラク戦争のさなか、「イラン・コントラ・ゲート」いう事件が話題になりました。

当時、アメリカとイランは国交断絶状態でした。テヘランのアメリカ大使館がホメイニー師支持派の狂信者集団に襲撃され、アメリカ人大使館員ら50人近くがイラン側に440日も拘束されていた。レーガンのときに人質は開放されるけれど、両国はその後も緊張状態だった。ところが、水面下ではまったく事情が異なっていたのです。

アメリカは大統領補佐官を通じて、イランに密かに対戦車ミサイルなどの武器を供給していた。同時にアメリカは、イラクのほうにも毒ガス工場建設などの支援を行い、両国を争わせ続けて中東の大国を疲弊させせようとしていました。

この内実が1984年10月16日付のニューヨーク・タイムズにすっぱ抜かれて大スキャンダルとなった。これが、イラン・コントラ・ゲート事件です。

川口　２００３年に勃発した「イラク戦争」の口実になる大量破壊兵器の存在は、このことに基づいているようですね。イラクはイランとの戦争で使った毒ガス兵器を戦後に埋めていた。それに関わったアメリカは、当然そのことを知っていた――。

髙山　そう。だから、イラクが大量殺戮兵器である毒ガス兵器を大量に持っていたのは間違いありません。先のニューヨーク・タイムズの記事によれば、アメリカが西ドイツを通してイラクに施設をつくって、アメリカから毒ガスを運んでここで兵器にした。それが、イラン・イラク戦争で使われたのです。

川口　私がバグダッドにいたときは、「クルドの村がイランの毒ガスで攻撃された」というような報道がときどきありましたが、本当はイラクが自分でやっていたのでしょうか。クルド人は、イラク政府にしてみれば目の上のたんこぶですから。

髙山　たぶん、そうだろうね。その後、アメリカはイラクに、毒ガス兵器の撤去を強要しました。イラクは毒ガス兵器を地中に埋めるのですが、今度のイラク戦争で進駐した米兵がそれをこの前撤去しようと掘り起こさせます。米政府が昔やった不正を闇から闇に葬ってしまおうとした。そして、命令通りに一生懸命掘り出していたら、毒ガスが漏洩《ろうえい》して２、30人が負傷してしまいました。

通常、米兵は負傷すると「パープル勲章」という傷病兵勲章をもらえるのですが、このときは〝秘密の毒ガス〟ですから、パープル勲章はおろか、負傷の治療費も出なかった。これを不満に思った米兵が、ニューヨーク・タイムズに情報を流したのです。

川口 そうだったんですね。現在も同じですね。中東の紛争では、やはり欧米諸国は敵味方に幅広く武器を提供して儲けていますね。実は2015年の武器輸出額は、アメリカもドイツもイギリスも前年比で倍増している。「イスラム国」が暴れてくれているおかげと言えます。

高山 中東は「荒れている」のではなく「荒らされている」――。そこが、本来問題とすべき点だと思います。

「多様性の中東」の面白さとタフさ

川口 私たちは「中東」とひとくくりにしてしまいがちですが、あまりにも多様です。

高山 おっしゃる通り、中東世界は民族も宗教もかなりごった煮になっています。それでも、その微妙な違いが我々日本人にも見えることがあります。そこが面白い。

川口　例えば？

高山　シリアなどのアラブ人は、否定するときに「ナ」と言うのですが、そのときなぜか「チッ」と舌打ちをする。上品なペルシャ人、つまりイラン人はそれを見て「あぁ、下品なアラブ人か」という反応をしますが、確かに事情がわからないと一目見ただけでは不快なものです。

「一緒に飯でも食べようか」と聞くと、「ナ（飯はもう食べてきた）」という感じで、「チッ」と舌打ちを返されます（笑）。

それから、ボディランゲージも面白い。欧米では首を縦に振ると肯定の意味ですが、イランでは否定の意味になります。

また、肯定する場合はペルシャ語で「バレ」と言います。「バレ、バレ」と。それからホメイニーが出てくるまで挨拶は、「ハレ　ショマ　ホベ」というペルシャ語だった。「今日はいい日ですね」という感じの意味です。ところが、その挨拶の言葉がホメイニーによって変えられた。「アッサラーム」というアラビア語、つまり〝コーランの言葉〟になった。まあ、はっきり言ってしまえば、ホメイニーによる「言語統制」ですね。

川口　それは私も聞いたことがあります。いままで使っていた言葉が使えない。例えば、「タクシー」は英語だから使えなくなってとても不便だとか。

髙山　このように、様々な宗教があり、様々な民族があるということが、中東の面白さであると同時に、根深い争点となっている。だけど、それをうまく利用しているのが白人であり、ユダヤ人なんだな。

川口　宗教や民族の多様性はイラクでも見られました。キリスト教の中で、アルメニア人の存在感も小さくありませんでした。

お金持ちや商売が上手な人に、アルメニア人が多い。主人の会社のバグダッド支店長は、かなり年配のアルメニア人で、落ち着いた知的な人で、ドイツ人も一目置いていましたね。国籍は、もちろんイラクです。

一度だけ、バグダッドでキリスト教会に行ったことがありましたが、とても面白かった。中が男性の席と女性の席に別れていて、牧師が説教の後、イマームの朗唱のような響きで、雄叫びのような声をあげて聖歌を唱えるのです。

はじめ、びっくり仰天して、変なキリスト教だと思ったのですが、よく考えたら、キリスト教はもともと中東の宗教でしょう。それが西洋に渡って、「ヨーロッパ＝キリスト教」となり、私たちがイメージする現在のキリスト教に変質していった。いま、ヨーロッパ人が「イスラムに我々のキリスト教文化が侵食される」と文句を言っていますが、キリスト教の原点は中東なのです。

髙山　確かにそうだね。中東文化が先にあって、そのあとに西洋文化が出てきた。そして、その新参者たちに中東は酷い目にあわされている。

それでも中東の人たちはタフだよね。アルメニア人の多くはキリスト教の一派であるアルメニア教会に属しますが、彼らは非ムスリムなので、ホメイニーの下で唯一酒を飲むことが許されました。飲むだけでなく、ブランデーやワインを密かにつくって売り歩く密売人になる人もいましたよ（笑）。

サダム・フセインは偉かった!?

川口　髙山さんはサダム・フセインを非常に評価されていますね。

髙山　フセインが立派だったのは、少なくとも公式の場からはイスラム的なものを追放して世俗化したことだね。

１９７２年、フセインは当時のアラブ国家の中で、ほとんど誰もできなかった自国の「石油資源の国有化」に成功した。中東の石油利権の多くは欧米系企業の支配下にあり、それまでは産出する石油で得られる利益のわずか４%の手数料しか国に入ってきませんでしたが、国有化後は残る96%も手に入るようになった。

莫大な国家収入をもとに、フセインは学校をつくって教育を整備するとともに、社会の世俗化を進めた。女性の社会進出にも積極的で、それまでのようにチャードル（体全体を覆う黒色の衣装）を被る必要はなくなり、むしろ男性と同様に教育を受け、外で働くことが推奨されました。

この教育の普及は国連ユネスコも認めて、フセインを表彰している。サダム・フセインはホントに偉かったんですよ。

川口　フセインが所属していたのは「アラブ民族主義」を掲げるバアス党ですが、同じバアス党政権下にあったシリアでも、女性が普通にオフィスで仕事をしていた。パキスタンや、タリバン支配以前のアフガニスタンも同様です。

高山　そう。それが画期的なことだった。そもそも、伝統的なイスラム教の考えでは「女性が表に出る」、ましてや「亭主以外の男性と口をきく」というのは許されないことだよね。
ずっと昔、新聞記者だったころの話ですが、パキスタンのムルタンの街外れのインダス川の河原に「クーチェ」と呼ばれる遊牧民のテントがあった。女性が三人くらい羊の革袋を揉んでチーズづくりをやっていたので、絵になると思い写真を撮りました。そうしたら突然、「バーン!!」という銃声がした。亭主が出てきて、長い銃で私を撃ってくるのです。まあ、何とか逃げおおせましたが（笑）。

川口　怖い（笑）。

高山　これはテヘラン特派員時代だけど、イラン南部のバンダル・アッバースに住むアラブ女性を撮影したときも同様でした。黒マスクをしていた女性を写真に撮ったら、亭主が棍棒を持って追いかけてきた（笑）。
でも、これは単に亭主が嫉妬にかられたわけではない。イスラム教圏の多くでは、女性は男性の所有物扱いだった。他人がその写真を撮るなんてもってのほかだった。そして、そうした風習を撤廃し、近代化に導いたのがフセインやカダフィだったのです。

アメリカの傲慢な〝民主化〟が世界を不幸にした

川口 エジプトやアルジェリア、チュニジアでも、その国なりの〝自由〟を民衆は持っていたわけですが、欧米の論理に従って「民主化」したら途端におかしくなってしまいましたね。

髙山 チュニジアでの「アラブの春」も発端は些細なことだったんだよね。無職の男性が許可なしに市場で勝手に物を売っていたら、それを規制しに来た警官と一悶着あって殴られてしまった――。ここで問題なのは、その警官が女性だったこと。

男性が女性に殴られるというのは、イスラム世界の価値観では大きな屈辱です。だから、その男性は油をかぶって自殺を図った。そして、これがチュニジアの「体制崩壊」につながった――。

でも、女性警官がいるということは、チュニジアは世俗化が進んだ「近代国家」だったということでもある。ところが、この事件が「絶対王政の打倒」「専制独裁国家の民主化」運動の引き金になぜかなってしまったんだ。

川口　後ろでシナリオを書き、糸を引いている人たちがいると……。

髙山　この「アラブの春」という茶番を後押ししたのが、ヒラリー・クリントンです。「中東の土人たちが、生意気にも自分たちで近代国家をつくった。許せない!!」というのが欧米人、現在は「グローバリスト」と呼ばれる人たちの考えなのです。この構造は、僕と川口さんがイランとイラクの国境を隔てて対峙していたときと、基本的には変わっていません。

川口　「変わる、変わらない」というより、欧米が「民主主義」の名の下に干渉した結果、治安は乱れ、結局、どの国も民主化からもずっと遠ざかってしまったということでしょう。欧米の目的が、民主体制を築くことではなく、混乱させることにあったのだとしたら、現在は大成功だと思います。

髙山　イランは1979年に民主化革命が成功して、それから35年以上が経過した――。でも、イランはいまだに停滞したままですよ。この国はギリシャ神話のペルセウスの子孫であり、歴史的にずっと大国だった。それがいまでは存在感も薄れ、ただの宗教国家となってしまった……。

川口　60年代の終わり、ドイツの学生運動が盛んだったころ、イランのパーレビ政権は「アメリカ帝国主義」に与《くみ》する悪者として白羽の矢を立てられました。67年、パーレビ国王が美しいお妃を連れてドイツを訪れたとき、それは頂点に達し、国王夫妻が西ドイツの首相とベルリン市長とともにオペラ観劇に出向いた際、デモ隊と機動隊の激しい衝突が起こって、ドイツ人学生の中に死者まで出た。機動隊に射殺されたのです。

あのとき学生たちは、本当にイランを民主化するつもりでやっていたのでしょうけど、そういう若者を操っていた存在があったと思います。例えば、それから30年以上経った２００９年になって、学生を射殺した警官は、実は東ドイツのスパイだったということが発表されました。いつでも、あっちこっちに、事を大きくしたい人たちがいるのです。

様々な運動に必要なお金だって、どこかから出ているはずです。そうでなければ、「アラブの春」ほど大きな民主化運動が、あちこちであれだけ盛り上がることはあり得ません。

高山　日本の例で言えば、朝日新聞のジャーナリスト・笠信太郎《りゅうしんたろう》ですよ。彼は終戦の一時期、後のＣＩＡ長官アレン・ダレスとスイスで一緒に過ごし、深いパイプを築いていました。その後、日本に戻ってきてオピニオン・リーダーとして活躍した。その当時の言論界は朝日新聞が牛耳《ぎゅうじ》っていましたが、実は朝日新聞はアメリカの対日政策の道具になっていたのです。

アメリカは朝日新聞を使って、日本を左右に分断しようとしていた。それに、朝日新聞が使われた。60年安保の盛り上がり、デモに参加した東大生の樺美智子《かんばみちこ》の死、国会議事堂前での大規模デモ……、まさに革命前夜の昂《たかま》まりを見せた。首相・岸信介《きしのぶすけ》は引き出されて八つ裂きにされて——というムードだった。ところが、その左翼絶頂のときに、盛り上げた朝日新聞が梯子《はしご》を外した。

資本主義国家を名乗るアメリカとしては「日本を赤くしてはいけない（共産革命を成功させてはいけない）」というわけで、笠信太郎に指令を出し、笠は在京新聞社を呼んで「学生の暴力デモは自粛を」「岸政権は自制を」と呼びかけた統一社説を押し付けた。各新聞社は横並びで朝日の決めた社説をハイハイと載せた。朝日がアメリカに言われるまま、世論をつくっていた時代だった。

川口　身勝手ですね。

髙山　要するに、アメリカの本音は「日本はいまの体制のまま混乱を続けろ。永遠に自立できないままウロウロしてろ」ということだね。

この構図は、現在のアメリカの中東政策とまったく同じ。「中東諸国はとにかく混乱して油だけ出していればいい」という考えなのです。

とても根深い、イラクの「反ユダヤ主義」

川口　「反ユダヤ主義」も、中東を混乱させる政策にうまく利用されているような気がします。中東世界では「反ユダヤ教育」がとにかくしっかり行われている。だから、いま中東からたくさん入っている難民を、ドイツに住んでいるユダヤ人がとても怖がっています。そういえば、昔、イラクでも、ドイツ人が「よくやった！」と絶賛されていることがありました。

髙山　それはどうして？

川口　「ドイツ人は大戦中にユダヤ人をたくさん殺した。よくやった！」と。

髙山　本当に？

川口　ええ、これは本当の話です。私くらいの年齢のドイツ人は、「ホロコースト」

は絶対悪だと徹底的に教育されているので、突然それを褒められて戸惑ってしまって「いや、それは違う」なんて説明していましたよ。

また、あるドイツ企業がバグダッドでクリスマスパーティーをしたら、そこに招かれたイラク人が、クリスマスツリーのお星さまに文句をつけたかとか（「ダビデの星」に似ているから）。イラクにユダヤ人がいたかどうかはわかりませんが。

高山　僕も2年間のテヘラン滞在中、ユダヤ人に出会ったことはなかったな。ただ公共の場所、テヘラン駅だとかの入口にアメリカの国旗とイスラエルの国旗が描かれている。みなそれを踏んでいけ——という意味だった。

1週間の中での安息日を考えると、イスラム教は金曜日、ユダヤ教は土曜日、キリスト教は日曜日、とそれぞれ1日ずつずれています。

僕は、金曜日、つまりイスラム教での安息日の集団礼拝に行ったことがあって、そこでユダヤ教徒もキリスト教徒も自分たちと同じ神を戴《いただ》く「啓典の民」であるという趣旨の説教を聞きました。通訳していた助手に「ユダヤ教も認められるのか」と聞いたら、「形式上は認められている」という答えでしたね。

ドイツ・ユダヤ人の「恐アラブ」という感情

川口　「アラブ」対「ユダヤ」というのは、人類にとって永遠の課題のように思えます。問題の本当の起源はどこにあるか私にはよくわかりませんが、仲直りの気配は、いまのところまったくありませんね。

髙山　もともとは「啓典の民」、つまり「同じ神の言葉を信じる人々」ということで、ユダヤ教徒もキリスト教徒もイスラム世界ではそれなりの扱いを受けていた。ところが、時代が下るにつれだんだん雲行きが怪しくなってくる。

「ムハンマドは、モーゼ、イエス・キリストに次いで神から直接、啓示を受けた最後の預言者である」――、これが『コーラン』の最初のほうにある。この内容に最も反発したのがユダヤ人です。つまり、「人が神に直接には会うことはない、必ず天使がブリエル、アラブ語でジブリールが来る」と突っ込みを入れます。

傍から見れば、アラブ人もユダヤ人も人種的には同じ「セム族」で見た目はまったく変わらないし、実際は近い先祖を持っています。片一方はイスラム教徒で、片一方はユダヤ教徒であるんだけど、両方とも割礼するし、どうやって区別していいかわからない。言ってしまえば、両者の激しい争いはある種の近親憎悪なのではないかと思うね。

だから、アラブ人がちょっと自我に目覚めようとすると、ユダヤ教の連中が出てきて、色んなことを仕組んでいく。アラブに立派な指導者が出れば、サダム・フセインのように潰される。ペルシャ人もその片棒をかつぐが、イランから人物が出ればそれも叩かれていく。

川口　ドイツは、そのイランとも、イラクとも、サウジとも、イスラエルとも仲良くしているのだから、すごいですよ。これらの国の対立は、やはり「イスラエル」という国ができてから先鋭化したのでしょうか？

高山　そうね。その前までは、大きな紛争にはならなかったよね。お互いに嫌な隣人ではあれ、パレスチナではアラブ人もユダヤ人も一緒に暮らしていたんだから。

ところが、第一次大戦中に、オスマン帝国の領土を狙うイギリスが、現地のアラブ人とユダヤ人、そして同盟国だったフランスにそれぞれ違う約束をして、現在の紛争の種を蒔《ま》いてしまった。

川口 「サイクス＝ピコ条約」のときですね。イギリスの三枚舌外交。

髙山 ユダヤ教徒とイスラム教徒だけならまだしも、それにキリスト教徒が加わると、大混乱が起こるのかもしれないね。

川口 日本はこの中東の大混乱、一神教同士の争いとどう距離をおくのか——、それが今後の課題になるでしょうね。

第一章【歴史編】

世界大戦以前から、欧米に敵視されていた日本

出遅れたドイツの植民地侵略

髙山　19世紀以降の世界史は「白人支配」が広がる時代でした。はっきり言えば、「白人」が「非白人」を奴隷にし続けた〝暗黒史〟です。戦後70年の安倍談話も、「百年以上前の世界には、西洋諸国を中心とした国々の広大な植民地が広がっていました。圧倒的な技術優位を背景に、植民地支配の波は、19世紀、アジアにも押し寄せました……」というはじまりでしたね。

「植民地」というのは体裁よく言っているだけで、実際は国家規模で経営する「奴隷農場」「奴隷工場」だった。要するに、「力づくで、イリーガル（不法）に富を搾取する」というのが植民地開発だった。

川口　いまだって、植民地とは言いませんが、欧米のやり方は同じようなものです。

髙山　アジアでは日本さえいなければ、欧米の植民地支配はさらに、たぶんいまもスムーズに続いていたでしょう。

帝国主義者であり、『ジャングル・ブック』の作者として有名なラドヤード・キップリングは、「白人はその バカで残忍な有色人種の国に行って苦労するがいい。彼らに色々教えるがいい」と〝白人の責務〟について語っています。

そのキップリングが明治22年（1889）に来日したときのことを書き残しています。「宝石みたいな国。道もきれいで、人もよくて、田園もまるで絵みたいだ」と。そして「ここもやがて、アメリカの貝殻ボタンをつくる植民地になるだろう」と結んでいます。これが、あのころの白人たちの常識だった。

川口 そのような白人の植民地支配は、1884〜85年の「ベルリン会議」が背景にありますね。

髙山 ドイツのビスマルクの呼びかけで当時の列強諸国が、アフリカ分割の原則を決定した国際会議ですね。そこで締結されたベルリン条約によれば、「どの国も未着手のところをとったらその国のものになり、その奥地も同様である」という。つまり、海岸線のソマリアを取ったら、奥のエチオピアの占有権も主張できてしまう。

川口 当時、ドイツはアフリカ分割に出遅れていました。アフリカでもおいしいところは全部イギリス、フランスにすでに取られてしまっていたので、残っていた大陸西岸のナミビアに、ドイツが進出をはじめました。

ナミビアにはヘレロ族をはじめとする様々な部族が住んでいましたが、ドイツが支配をはじめると、これはフランスとかイギリスの真似をしただけかもしれませんが、彼らに非常に残虐な仕打ちを行いました。

髙山　そのときの残虐行為の写真が現在も数多く残っているみたいだね。

川口　はい。鎖で繋いだり、手を切り落としたり。皆、ガリガリに痩せちゃって。

これに耐えかねたヘレロ族は20世紀初頭に反乱を起こし、現地のドイツ人を何十人か殺してしまった。怒ったドイツは軍を派遣してこれを徹底的に鎮圧、ヘレロ族の八割方を皆殺しにしました。ひとつの民族がほとんどいなくなったので、「20世紀最初のジェノサイド」と言われているほどです。

意外と深いドイツと中東の繋がり

髙山　中世にはフランクフルトで「ユダヤ人ジェノサイド」もやった。ジェノサイド馴れした民族なんですね。そのドイツはアフリカだけではなく、中東にも積極的に進出したでしょう?

川口 19世紀当時、イラクはオスマン帝国領でしたが、ドイツ系企業が積極的に資本投下を行っていました。だから、いまでもドイツとイラクは関係が深い。先ほどお話にあったように、うまいこと偽装して、毒ガスプラントまで輸出していたらしい。

欧米諸国は、国内で生産したモノを販売する市場を求めて、植民地や通商国を増やす帝国主義政策を進めていました。イギリスがエジプトのカイロと南アフリカのケープタウン、インドのカルカッタを結ぶ「3C政策」を進めたのに対して、ドイツはベルリンとオスマン帝国のビザンチウム(イスタンブール)、バグダッドを結ぶ「3B政策」を進めました。

この3点を鉄道で結んで貿易振興を図ろうとしたのですが、その拠点として重要なのがイラクでした。だから、イラクにドイツ人が入って行ったのです。

髙山 ドイツとイランの結びつきも同様に深い。パーレビの二人目の妻のソラヤは母親がドイツ人ですし、革命で王朝がつぶれた後も、経済面でのパイプは切れませんでした。

川口 1920年代、イランの近代化に貢献したのはドイツでした。当時のレザー・シャー(パーレビの父親)はドイツにぞっこん惚れこんでおり、ドイツ企業も積極的に設備投資をしていた。この関係はイスラム革命後、シャーがいなくなってからもずっと続きます。ドイツ製の生産設備の部品の調達やメンテナンスなどがありますから、ドイツとの関係を切るわけにもいかない。それどころか、ずっと結構いい関係だったと思います。

そういう下地があるので、去年の「イラン制裁解除」の会議でも、ドイツのシュタインマイアー外相が活躍しています。テーマは「イランの核開発問題」だったはずですが、核を持たないドイツがこの会議を仕切っていたというのが、興味深いでしょう。

髙山　レザー・シャーの時代に、米ソが協力してイラン占領をやった背景がそれでわかった。

第二次大戦中の1941年6月、ドイツがソ連に攻め込むと、同じ連合国としてイギリスはソ連への支援ルートをつくる必要が出てきました。たとえるなら、英米から蔣介石《しょうかいせき》の中華民国へ武器や食糧、弾薬を送るときに、ビルマから昆明《こんめい》市（中国雲南省）へ設けられた「援蔣ルート」のようなものです。

ですから、いわば「援スターリンルート」となるわけですが、「東欧や北欧はドイツの影響で通れないので、イランを通じて海からアゼルバイジャンまで入る」ということを、イギリスとソ連は思いついた。

イギリスとソ連はイラン政府に圧力をかけますが、レザー・シャーは多くのドイツ人が国内にいる上、イランは中立国であるという理由で、協力を拒否しますね。イギリスとソ連にとっては緊急の課題だったため、両国は「ドイツに味方するイランをやっつける」という名目でイランに攻め込んだ。レザー・シャーは退位させられた。

この少し前に、チャーチルとルーズベルトが大西洋上で会談を行いましたが、そこで出された「大西洋憲章」の中には「すべての国民がその政府を選択する権利を尊重し、強奪された主権と自治が回復される」という趣旨の内容があった。それでレザー・シャーはルーズベルトに「イギリスとソ連の不当」を訴えますが、ルーズベルトは相手にしなかった。なぜならそれはアジア・アフリカの国は含まれなかったからだ。

レザー・シャーは結局、イギリスに拘束され、大戦中、祖国に帰ることは叶わず、南アフリカで客死します。そして、息子のパーレビが英米ソの圧力のもとで即位させられました。

川口　連合国が大戦中に出した声明は、いいことがたくさん書いてありますが、あれは白人のための論理であって、非白人は人間扱いされていませんね。

高山　白人たちにとって、イラン人も含め非白人は単なる〝モノ〟か〝動物〟扱いだったということです。

19世紀から、アメリカとドイツは日本を〝敵〟としていた

高山　とうとう「白人の支配」は東アジアにも迫ってきました。

川口　当時の日本は、その深刻さを十分わかっていたので、必死で頑張った。

高山　まず、「日露戦争」の勝利が白人たちの度肝を抜いたんだ。

川口　植民地支配下にあったアジア人が大喜びしたと言いますね。

高山　そして、ロシアの次に日本に敗れるのがドイツです。第一次大戦では、日本は連合国側で参戦しましたが、重要になるのは中国の青島《ちんたお》に駐留するドイツ軍との戦闘ですね。

ドイツ側は青島要塞に「タウベ」という飛行機を持っていて、空から偵察して日本軍に楽勝できると思っていた。ところが、日本側も同じ型の飛行機を引っ張り出してきて空中戦もやった。結局、冗談みたいに1週間くらいで近代的な青島要塞を陥落さ

せてしまった。

面白いのが、第二次大戦を含めて、日本が欧米諸国の要塞を攻撃する戦闘では早いうちにカタをつけてしまったことです。コレヒドール島戦もそうだし、バンドン要塞戦もそうだし、シンガポール要塞も短期間に攻略しました。

川口　それはそうでしょう。日本軍は日本人が戦っていましたから。欧米の国は、他人に戦わせていたでしょう。差が出るのは当たり前。

髙山　そうだろうね。また、そのちょっと前に「義和団事件」（1900～01年）がありました。列強の半植民地みたいにされて不満を持っていた中国民衆が各地で欧米人を襲撃した事件ですが、いちばん酷い目に遭ったのが山東《さんとう》に出たドイツ人でした。

なぜなら、ドイツ人は現地で酷いことをしていた。ドイツ人牧師が地元のお寺をぶっ壊して全部キリスト教会にしてしまうとか、手荒なことを散々していたのです。

それに怒った現地住民が、ドイツ人に襲いかかりました。これに義和団が乗っかって、キリスト教徒を皆殺しにしていった。家を覗《のぞ》いて、キリスト教徒だったら殺していく。最後は北京のドイツ公使も殺された。「済南《さいなん》事件」（1928年）で日本人がされたのと同じように、胸をかっさばかれ、「心臓を取り出して皆で食った」と記録があります。

川口　そんなことをしているからアジアの植民地化を正当化しようと思ってつくったプロパガンダの「黄禍論《おうかろん》」が、本当のものとなってきます。「黄禍論」はドイツ語でもフランス語でも「黄色い危険」。「論」などという言葉は日本人がくっつけたのでしょうか、見当たりません。

ドイツの皇帝ヴィルヘルム2世は、お抱え画家に、「ヨーロッパの民よ、君たちの聖なる財産を守りたまえ」という絵を描かせています。遠景にブッダが浮いていて、それを倒すために天使がヨーロッパ人を導く——。

髙山　しかし、黄色人種でも日本人はあまりに強かった。白人たちに、日本人を相手にして戦ったら「死ぬだけ損」と思わせるほどでした。それでいて、日本軍は「統制されていて礼儀正しい」と評判だったんだ。

川口　先日、ドイツの知り合いが突然、「そういえば、亡くなったおじいさんが第一次大戦の後、日本軍の捕虜になって久留米にいた」と言い出しました。「それで、おじいさんはなんておっしゃってた?」と聞くと、「すごく気に入っていたみたいだ」と言われて、拍子抜けしました。そういう話って、日本で聞くと誇張されているのかと思うけれど、あれ、本当ですよ。

ドイツの〝反日感情〟の源泉は「第一次世界大戦」にある

髙山 青島を日本に落とされただけでなく、第一次大戦ではドイツは他の植民地も取られたよね。

川口 「（第一次）世界大戦」に負けましたから。

髙山 ドイツが持っていた海外領土は、この大戦でほとんど失った。ある意味では、その後ドイツは、いちばん貧しい時代に落ちこんでしまったということだね。

現在、イギリスやフランスやオランダが、日本にある種の憎しみを持っているのは、やはり植民地を日本との戦いで失ったというのが大きな原因だと思う。いままで植民地からの〝上がり〟で豊かに暮らせていたのに、それができなくなったということで、日本に恨みを持った。ドイツはそうした白人たちの先駆者として植民地を失ったわけですから、欧米諸国で「日本への憎悪」をいちばん早く持った国と言える。

川口 そうでしょうか？ そんな歴史、まったく知らない人も結構たくさんいるような……。

でも、たしかにメディアはことごとく「反日」ですね。憎悪まではいかなくても、揶揄《やゆ》とかね。酷いもんですよ。それから、普通の人もアジア人をちょっと上から見る傾向はありますね。でもそれは、ドイツだけではなく欧米の国すべてがそうでしょう。

高山　人種的な偏見は絶対にありますよ。その中でも日本に対してだけは、偏見というよりも脅威を感じている。

第一次大戦時に独外相だったフォン・グレイルは日露戦争時に駐北京大使をやっていたのですが、「日本がロシアに勝った。北京で日本人と支那人が大騒ぎして提灯行列をやって、爆竹を鳴らしている」という報告を本国に送っています。そして「もしこの先、日本人と支那人が協力するようになったら、我々が東洋に持っている権益はものすごい脅威に晒《さら》されるのではないか」とも言っているのです。

ドイツはそれ以前から中国に利権を持っていました。北京に「頤和園《いわえん》」という西太《せいたい》后《ごう》の別荘があります。西太后の庵《いおり》があって、そこにはじめて電気を引いたのがドイツ人でした。西太后はそれに感激して、国内すべての電気事業は、ドイツに任せることにしたのですが、ドイツはそのほかに鉄道についても口を出して、その利権も得た。

川口　確かに、ドイツと中国は昔からものすごく仲がいいですよね。いまもいい。特に、商売でがっちりとスクラムを組む。

高山　西太后はドイツに終始親切でしたよ。

川口　第一次大戦で植民地を失ったあと、ドイツにとって中国は数少ないアジア進出への足がかりだったのではないかと思います。

「第二次世界大戦」で、植民地を解放した日本

高山　ドイツの大敗北が結果としてナチスを生み、2度目の世界大戦へ突入するわけですが、「第二次世界大戦」をめぐる「歴史認識」の問題は、現在の政治情勢とも密接に関わっています。単なる「過去」の問題として済ませられないという点がまず重要です。

川口　第二次大戦前に、アメリカが大国としていよいよ台頭し、太平洋から東アジアに進出してきましたね。

高山　でも、マッカーサーはこう言っています。「日本による真珠湾攻撃の後、ルー

ズベルトはヨーロッパ戦線に集中して、太平洋戦線をずっと置き去りにしてきた。対日戦はほったらかされて、日本軍に袋だたきになった」と――。

川口　それは、信じられませんね。ルーズベルトは明らかに日本を挑発していましたから。

高山　おっしゃる通りで、これは己《おのれ》の失敗を取り繕《つくろ》った嘘です。1941年の時点で、アメリカの日本対策は、もうバッチリできあがっていましたからね。

例えば、アメリカはこの時点で戦略爆撃機「B-17」、通称「空飛ぶ要塞」を太平洋に40機近く配備しています。「B-17」はさすがのドイツ空軍の戦闘機でも落とせなかった頑丈で爆撃機の枠を超えた速度と攻撃性を備えていました。

『メンフィス・ベル』というハリウッド映画がありました。対独爆撃に向かうB-17の搭乗員たちを描いた作品です。

25回出撃すると休暇で後方に帰還できるのですが、その最後の25回目の出撃で無事に帰ってこれるかという話です。もちろん無事に帰ってくるのですが。すごいのは、主人公たちのB-17「メンフィス・ベル」の操縦席の脇には8つの星がついていた。これは迎撃する「メッサーシュミット」や「フォッケウルフ」といったドイツ軍戦闘機を撃墜した数なんです。

爆撃機は速度が遅く、動きも鈍く、身軽な戦闘機には敵わないので、護衛の戦闘機をつけます。アメリカ軍が執拗に硫黄島の奪取にこだわったのも、B－29爆撃機の護衛戦闘機の航続距離の範囲内に東京が入るようにするためだった。ところが、B－17は戦闘機を逆に落としてしまうという恐ろしい爆撃機だったということです。

川口 これでは、「日本戦はドイツ戦の片手間だった」とは言えませんね。

高山 その通り。そして、イギリスで、イギリスはマレー半島にジットラ要塞を築いてシンガポール要塞を守り、周辺には「プリンス・オブ・ウェールズ」や「レパルス」などの戦艦と巡洋艦からなる「東洋艦隊」を派遣していました。

川口 それだけ用意すれば、日本はどうにかなるだろうというが米英の目論見《もくろみ》だったわけですね。

高山 ところが、開戦直後の「マレー沖海戦」で、プリンス・オブ・ウェールズとレパルスが日本航空隊に沈められてしまいます。チャーチルがこれに大きなショックを受けたことは有名ですが、それは当時、飛行機が船を沈めるということはあり得ないとされていた。常識を超えていたわけです。

この時点ではまだオランダを含む太平洋、インド洋には各国の連合国艦隊は生き残っていましたが、これも「バタビア海戦」などで日本海軍にほぼ全滅させられた。シンガポールやフィリピンの要塞も落ちてしまいます。フィリピンには約10万のフィリピン兵と3万のアメリカ兵がいたのですが、上陸してきた4万の日本兵に敗れます。インドネシアのバンドン要塞にも数万ものオランダ軍がいたのですが、少数の日本兵の前に降伏してしまいました。

この過程でアメリカ軍としてもショックだったのが、無敵のB－17が開戦2日目に「零戦（ゼロ戦）」に落とされてしまったことでしょう。以降も撃墜が続き、結局、1942年にB－17は全機引き揚げ、安全な欧州戦線に移されてしまいました。

川口　それは知りませんでした。

高山　この話は日本の第二次大戦史にはほとんど出てこないのですが、アメリカ側の資料、例えばマイケル・シャラーの『マッカーサーの時代』には記述があります。

川口　落ちないはずのB－17が落とされた――。アメリカがショックを受けたのもうなずけます。でも、それを英雄の映画にしたところが執念ですね。

高山　最初のマッカーサーの嘘に戻りますが、アメリカは太平洋をほったらかして欧州に行ったのではなく、日本を数ヵ月で黙らせてしまう予定だった。それが、日本軍の驚異的な強さのせいで予定が狂った。そして、アメリカが手をこまねいているうちに、日本は太平洋の欧米の植民地をあっという間に占領したのです。

アメリカは膨大な物量と徹底した日本研究によって、最後にやっと零戦をやっつけ、日本をやっつけるわけですが、それまでの3年以上もの間、アジアは日本の手にゆだねられていました。そのことが、戦後のインドネシアやビルマの独立につながっていく――。

川口 9月、稲田防衛大臣がミャンマーを訪れたときも、セイン・ウィン国防相がそれに触れ、「日本と旧日本軍による軍事支援は大きな意味があった」と感謝したそうです。「日本がアジアの植民地解放に努力していた」というのは、日本が学校で教えない歴史です。

髙山 そして、ヨーロッパは結果的に植民地の富を失ったため、元の「貧乏国」に戻ってしまったのです。

川口 貧乏国！ そうですか（笑）。

髙山 貧乏国に戻って「どうしよう、どうしよう……」とさんざん考えた結果、「貧乏国同士で互助会をつくりましょう」ということでできたのが「EU」だと思います。そのEUの盟主になったのは、一足先に植民地を失って自立していたドイツです。第一次大戦で植民地を全部失っていたため、他の国よりも〝貧乏慣れ〟していたので経営能力もある。ということで、EUのリーダーにドイツがなるのは当然の帰結だったということです。

90歳の老人を裁判にかける、ドイツ人の異常さ

川口　ここで戦後の「歴史認識」についてお話ししたいと思うのですが、ドイツではナチスの負の遺産がいまだに根強く残っています。

先日、アウシュビッツで勤務についていたという、現在94歳の元ナチス親衛隊（SS）の男性の裁判の判決が出ました。被告は当時23歳で、ユダヤ人から没収したお金や宝石、証券を計算する係をしていたそうです。

法廷で、子供のようにキョトンとしているのが印象的でしたが、30万人の殺人に対する幇助罪で訴えられて、結局、懲役4年の刑が出ました。検察は3年半を求刑して

いたので、判決のほうが厳しくなりました。もちろん、高齢なので、本当に収監されるかどうかはわかりませんが、私は腑に落ちません。

実は、つい最近まで、「殺人幇助罪」は、実際に殺人に手を貸したものにしか適用できませんでした。でも、２０１１年にやはり、ほかの強制収容所で看守をしていた男性の裁判があり、ミュンヘンの州立裁判所が、この男性を有罪にした。弁護団が控訴を考えているうちに、被告が高齢のために亡くなってしまったため、これが判例として定着し、「殺人幇助」の定義が塗り替えられた。強制収容所にいた者を殺人幇助で訴えるためには、殺人に直接関与したという証拠はいらなくなってしまったのです。要するに、コックであろうが、看護師であろうが、訴えることが可能です。

今回の裁判長は、「あなたが自分は歯車のひとつであっただけだと主張しているその行為こそが、法律で殺人幇助と定められている行為なのです。ヨーロッパのユダヤ人の殺戮は、あなたのような人間によって成就されました」とか、「もちろん、洗脳はあったでしょう。しかし、思考が人間の中で止まることはないのです。あなたは、勇猛果敢なＳＳに属したいと自分で決めたのです」などと、94歳の男性を相手に2時間以上も喋り続けました。

でも、当時のドイツには、ナチの協力者が1200万人もいたと言われているのですよ。この23歳の青年の思考能力を止めたのは誰ですか？　その人たちが罰せられましたか？　ナチのやったことは、残酷で、唾棄すべきことで、それは私だってアウシュビッツにも行きましたので、嫌というほど見ています。弁護する気も一切ありません。

ただ、この裁判長は、なぜ、自分を絶対的な善の高みにおいているのでしょう。現在しか知らない人間が、生まれる前の状況を正確に把握し、当時の人を公正に裁くことができるのでしょうか？　当時は、この被告のやったことは、罪でさえなかったのです。

高山　酷い話だな。

川口　ドイツは真摯に過去に向き合い、ナチの罪を徹底的に裁いているとよく賞賛されますし、ドイツ人も自慢げですが、でも、裁く相手を間違っていませんか？　すごい欺瞞だと感じます。

高山　なるほど。現在のドイツ司法には、ドイツ人の「ホロコーストへの態度」というものが表出しているんだね。でも、ここに見え隠れする偽善というか欺瞞というか、そういったものに対しての反論がドイツで出てこないのは不思議だね。

川口 いえ、不思議ではありません。少しでもそんなことを言うと、本当に、少し疑問を呈しただけでも、政治生命も、学者生命も断たれてしまう。そういう〝暗黙の掟〟がドイツの戦後を支えてきたからです。

「オバマ広島訪問」を評価しないドイツ人

川口 ドイツ人が第二次大戦をどう評価しているのかというと、ここがドイツ人の振り出しなのです。それ以前のドイツはない。いや、それ以前のドイツはアウシュビッツにつながったので、〝悪いドイツ〟なのです。それを徹底的に弾劾し、謝罪し、生まれ変わったのが現在のドイツです。

それを極端なまでに強調したのが、ドイツの戦後史、あるいは現代史でした。過去と現代を断絶させた。「良いドイツ」と「悪いドイツ」、これがつまり、ドイツでの先の大戦に対する評価であると私には感じられます。

2016年の「伊勢志摩サミット」に合わせて、オバマ大統領が広島を訪問しましたね。オバマ大統領が二人の被爆者と抱き合った。ああいうのは、ドイツではあり得ない。昔のドイツとは、誰も抱き合ってはいけない。峻厳な態度を崩してはいけない。

高山　僕は、日本人の民度を感じたなぁ。

川口　あの光景を見て、多くのドイツ人は、心の中では少し不服だったんじゃないかと思いますよ。「自分たちは70年間謝り続けてきた。ところがアメリカはひと言も謝らないのに日本と和解している」と。

高山　「自分たちは謝罪し続けてやっと国際的な地位を回復したのに、アメリカは原爆投下という大罪を犯していながら、日本に謝罪もしないで仲良くしている。それは納得できない」というわけですね。

川口　「そんなのあり?」という感じじゃないでしょうか。だからあのとき、ドイツの新聞はオバマ広島訪問に対し、どっちつかずの曖昧な記事が多かったのです。

高山　ドイツのホロコーストを考える際、ドイツ人が『旧約聖書』と『新約聖書』で育ってきているというのが大事な点だと思いますね。『旧約聖書』には、「カナンの地へ行って、そこにいる邪魔な民族がいたら、子供といえども殺せ。それから、子種を宿した疑いのある人妻をみんな殺せ。処女はお前らの慰めものにしてもよい」というようなことが書かれている。

ヒトラーたちがやったことは、まさにこれです。ユダヤ人が過去にやったこと、つまり聖書にあるままを、ドイツ人はユダヤ人に対してやった。これがホロコーストの〝原点〟ではないでしょうか。

川口　アメリカ人のインディアン虐殺も同様の論理ですね。

髙山　そうだね。『白鯨』を書いたハーマン・メルヴィルは「我々は現代のイスラエル人だ」と言っています。「アメリカという新天地に来て、そこにいる異教徒であるインディアンを皆殺しにするのは、我々の神から与えられた使命である」というわけです。

アメリカ人は「マニフェスト・デスティニー（manifest destiny／明白な天命）」という言葉をもって、開拓をしてインディアンを殺していくことを正当化しています。現に、インディアンを殺したことで殺人罪が適用されたことはありませんし、領土を奪ったことに対する窃盗罪も当然ありません。

川口　さっきの裁判官が聞いたら何と言うか。こういうドイツ人は、結局、自分たちを高みにおいて、自らを厳しく裁いていると自慢しているように感じます。でも、私は、過去の歴史を反省するのはいいけれど、裁くのは難しいと思っています。

髙山　「同じ神を崇める者として、ドイツ人はホロコーストを第二次大戦でやってしまった。いまになって考えてみると悪いことをしたのかもしれないが、それは彼らみんなが歩んできた道ではないか」――、そういった「excuse（赦《ゆる》し）」の観点を持ったドイツ人はいないのかな？

川口　それは絶対無理。ホロコーストを無害化、あるいは相対化しただけでも、懲役5年以下、あるいは罰金刑ですよ。

私は、歴史認識は「どこから見るか」ということで変わってくると思ってます。いまのＩＳ（いわゆる「イスラム国」）についてもそう。「すごく残酷！」とか、「異教徒だから殺すなんて！」と非難しますが、歴史を遡《さかのぼ》れば同様のことをキリスト教徒がやっているわけです。でも、それはなかったことにして、いまの視点で見るのが正しいと欧米諸国が決めています。

もちろん、私はＩＳの行為を正当化はしませんけど、これを「十字軍への復讐かな？」とか、「植民地支配への報いかな？」と、もう少し違った視点から見るなら、欧米の対応もＩＳの反応も変わってくるのではないかと。

髙山 一神教のいざこざは、延々と遡ることができますよ。

善良なドイツ人の「贖罪意識」と「差別感覚」

川口 現在のドイツでは、意図的に歴史をつくっているような人たちは別として、ふつうの人たちは本当に善良です。だから教育された通り、「自分たちは民主主義を実行するべき」だと思っている。「これが本当に民主主義?」などと疑ったりもしない。かつてナチスが行ったホロコーストに対しても、当然、「贖罪意識」を持っています。

髙山 日本人の「自虐史観」みたいなものかな。

川口 いや、「加害者意識」が、過剰な「民主主義幻想」となって出てくる。

例えば、日本では「掃除」は仏教のお勤めのひとつだから、地下鉄の駅でもふつうに清掃の人がいて、機械では届かない隅っこは手作業で掃除したり、しゃがんでヘラなどでガムを取ったりします。

ところがドイツでは、清掃に従事している人たちがほとんど外国人だということもありますが、そういうしゃがんで手でするような作業を公共の場で掃除の人に強制することを躊躇します。駅の構内でも、すべて大仰な機械でブーンとゴミを吸い取り、また、機械で水拭きしていく。隅っこは残る。だから、汚いんですけど。

高山　しゃがんで、そういうことをするのは〝奴隷の仕事〟という意識がある？

川口　奴隷とは思っていないかもしれませんが、そういう仕事を強制するのは「人道に反する」というような感覚があるのだと思います。自分たちは民主主義者だから、そういうことはできないと。

高山　日本人にはわからない感覚だね。

川口　宅配便もそうで、「日本では海外旅行の際、大きなスーツケースなどは電話1本で家から空港まで届けてもらえる」と少し自慢げに話すと、「自分のスーツケースを人に運ばせるなんて！」と私があたかも横柄に人を使っているように言う人がいる。

高山　欧米で「サービス業」がいっこうに向上しないのはそのせいかもしれない。召使いに命令するような感じがするんだね。過去にそういうことを召使いにさせた原体験が、どこかに残っている。

川口　日本人はサービス業の人に対して、「この人と私は人間の格が違う」なんて思いませんよね。だから日本にはじめて来て良質なサービスを受けて、「日本人があんなに卑屈だとは思わなかった」なんてトンチンカンなことを言った人もいましたね。すごい勘違い！

500年先まで嘘をつこうとするアメリカ人

高山　先ほどオバマ広島訪問の話が出ましたが、アメリカの原爆投下については知っておかねばならないことがあります。

ベルト・レーリンクという「東京裁判」で判事を務めたオランダ人がいます。彼が『東京裁判』という本を書いたのですが、それによれば「アメリカ人は原爆を落としたことにものすごい罪悪を感じており、それを覆い隠す。ないしは、それを正当化するために、様々なプロパガンダをやっている」というのです。

川口　原爆投下にすごい罪悪感を持つというのは、正常な感覚でしょう。持っていない人がいるなら、そっちのほうがおかしい。

高山　以下はその本の引用です。「いちばん酷いのが、“The beginning or the End”というタイトルの、原爆についての記録映画です。私はこの映画を観たことがあるのですが、この中で、アメリカは3度にわたって原爆投下前に、広島市民と長崎市民に事前予告をした。そのうえで投下を行った」と――。

川口　嘘だ。

高山　ええ、もちろん大嘘です。ところが、この映画は「500年後に開けて観るように」と、いまもどこかに埋められている。つまり、アメリカは500年先の人類に嘘をつくつもりなのです。そのことを、レーリンクは告発した。

川口　悪質！

高山　でも、こうやって告発してくれる人もいるわけですから、日本は少なくとも外交交渉できちんと非難すべきだったのですが、結局はっきりとは言わなかった。

川口　日本も何かつくって埋めたいですね。日本の場合、嘘でなくて、本当の歴史を。でも、「歴史」というものに対する考え方がそもそも違うんですね。日本人は、「歴史は真実である」と思っています。それに対して、欧米人も、中国人も、「歴史はつくるもの」と思っています。だから、このアメリカの話のような卑劣なことも起こりうる。

ちなみに、ドイツ語で「歴史」は「ゲシヒテ（Geschichte)」ですが、「物語」も同じ「ゲシヒテ（Geschichte）」です。ですから、ドイツでゲシヒテと言われると、ヒストリーを指す場合もあれば、メルヘンのようなお話を指す場合もあります。

髙山　まあ、欧米人たちは「歴史はつくり話であってもかまわない」という感覚なのでしょう。中国人なんかもそうですがね。歴史を積極的に、自分たちの有利なようにつくっていこうという、そういう暗黙の了解のようなものが彼らの根底にはある。その感覚が、我々日本人とはまるで違いますね。

川口　戦後からいままでの歴史は、欧米がつくったものですから、間違っていることが色々ある。でも、研究者がそれを正そうとすると、「歴史修正主義」というレッテルを貼られて潰されます。

髙山　「修正」という言葉が、現在では悪い意味で使われていますね。

“失禁”していたマッカーサー

川口　ところで、髙山さんはマッカーサーについての面白いエピソードをたくさんお持ちですよね。

髙山　まあ、生でマッカーサーを見た世代ですから（笑）。
では、まず下世話な話を少し。マッカーサーが終戦直後、厚木飛行場に「ダグラスDC－4」で降りてくる映像は有名ですが、そのとき彼はズボンを真っ黒にしているんですよ。川口さん、この写真を見てください。（※編集部注／髙山先生が川口先生へ1枚の写真を見せる）

川口　あらら。

髙山　そうそう、つまり、マッカーサーは失禁していたのです（笑）。マッカーサーはパイプをくわえて胸をはり、堂々とした風情で日本の地を踏んだ――、でも心の中では、「最強の日本軍人から命を狙われるかもしれない」と恐怖を感じていたのでしょう。
これを撮影したのは「同盟通信」、いまの「共同通信」ですが、当時はまだGHQによる報道規制が強くなかったから、この失禁写真をしっかりと新聞に載せればよかった。

川口　ちょっとこれはできませんよ。

髙山　日本人には「情けの心」があるからね。たとえ、敵国の大将であっても、情けをかけてやったというわけです。

川口 高山さんには情けの心がない（笑）。

高山 まあね（笑）。マッカーサーはいい気になって、占領中やりたい放題でしたから、このくらいはいいでしょう。

川口 それに、日本人は常に情けをかけて馬鹿を見ていますよね。

高山 先の大戦でも、日本は緒戦大勝しましたが、大量の捕虜を抱えてしまった。一挙に30万人もです。連合国軍は、すぐに手を挙げて命乞いをするからね。

川口 日本は食べることができなくなったから、戦争をはじめたのに、開戦直後に30万人の捕虜の食事を用意することになってしまった。それでも、国際法にのっとって彼らを丁重に扱いました。

高山 毎日3食なんて、本土にいた日本人より贅沢な暮らしだよ。さすがに何もせずに食事だけ提供するのはきついから、捕虜たちにも少し働いてもらったのですが、それが欧米人には気に食わなかった。

アジアの植民地を支配していた欧米人にしてみれば、「自分たちは〝神様〟としてアジアの人々の上に君臨していた。それが日本人に理不尽にこき使われて、その姿を植民地の民だった人々に見られるのは、これ以上ない屈辱だ！」ということでしょう。

でも、こんな言いがかりには、堂々と反論すればよろしい。「我々は軍規通りに捕虜を扱った。そもそも、あなた方が余力を残しながら戦うのをやめて降伏してしまったことに原因があるのであって、そんな臆病者たちが文句を言うべきことではない」と――。

しかし、日本人は一切反論しませんでした。何を言われようと言い返しませんでした。それで彼らの見苦しいまでの嘘、ありもしない「バターン死の行進」や「マニラ虐殺」などの虚構をでっち上げられてしまった。

川口　「歴史戦」では、日本人のほうが戦わずして降伏。

高山　確かに、「歴史戦に勝つにはどうしたらいいか」が、今後の課題ではあるね。

終戦直後の日本は、明るくて、たくましかった――

川口　マッカーサーやGHQについて、ほかにも思い出がありますか？

高山　麻布に住んでいたころ、自宅からちょっと行ったところに「麻布ホテル」というのがありました。ディズニーのお城みたいな外観で、要するにラブホテルです。そこは米軍高官やGHQのスタッフのための施設だった。多くの女性がそこにいましたね。

近所に酒屋があって、そこの息子が小学校の同じクラスだった。遊びに行ったついでに、彼の手伝いで店からホテルまでリヤカーでビールやコカ・コーラを運びました。それで僕ははじめてコカ・コーラというのを知りました。

川口 コカ・コーラですか。まだ、日本の市場には出回っていないころですよね。

高山 そうですね。たまたまGHQ本部（東京・日比谷）の近くに住んでいたということで、僕は裏側から色んな光景を見せてもらいました。マッカーサーが飛び立つところまでしっかりとね。

川口 えっ！ マッカーサーを見送ったのですか？

高山 学校から歩いて、いまのアメリカ大使館の公邸前で旗を振りました。昭和26年（1951）4月、校長先生が生徒全員に「校庭に集まれ！ マッカーサーさんが、都合があって、お国に帰ります」と言う。それで、みんなが「マッカーサーって、アメリカだったんだ！」などと大使館に行く道々で話したものです。

川口　なぜ？

髙山　僕たちがそんな誤解をしたのは、その頃「レッドパージ」で職を追われた先生が「先生は、都合があって、お国に帰ることになりました」と朝礼で言って学校を去る姿を見ていたからです。

川口　「お国に帰る」＝「アカ（共産主義者）」と、小学生の髙山少年は誤解した（笑）。

髙山　「都合があって」というのがポイントです（笑）。

川口　髙山さんのお話をうかがっていると、私が想像していた「終戦直後の日本」と、なんか雰囲気が違いますね。その当時は、「日本が一方的に悪かった」「日本は軍国主義だった」という教育がもっと広まっていて、日本人は罪悪感に苛《さいな》まれていると思っていました。

私は子供のときに、母から「日本は戦争に負けて良かった。兵隊が威張っているのは良くなかった」と聞かされていました。いま考えると、母は完全にGHQの洗脳工作に乗せられていた……。

髙山　う〜ん……。僕の周りにはそういうことを言う人はあまりいなかったなぁ。マッカーサーを見送ったときも、「なんであんなやつを見送るんだよ！」という意識でしたよ。

戦後直後は決して暗くはなく、むしろ明るかったと思います。僕たちが小中学生のころは、プロレスを観て、日本人レスラーが白人をやっつける度にみんな歓声あげていた。それから映画でも、白人が出てくるとみんな悪者だった。時代劇では妖術使いのバテレン、日活映画では麻薬の元締めみたいなボス。それが小林旭に撃ち殺される。それがふつうでしたよ。少年漫画雑誌には、樺島勝一《かばしまかついち》の『戦艦大和』が載っていた。壁に飾っていた。

川口　でも、文学者の多くがその時期に「戦争は悪いことだった」と書きはじめていますよね。

髙山　そんなもの読まなかったね。小中学校時代、僕は講談本しか読んでなかったから（笑）。

川口　それでは、ＧＨＱの占領教育は？

髙山　そういう教育とは無縁でした。教師も兵隊上がりがいた――。川口さんがおっしゃる通り、ＧＨＱが日本人を洗脳しようとしたのは事実です。しかし、現在のような「自虐史観」が広まったのは戦後直後ではなく、もっとあとでしょう。

川口　それはいつごろでしょうか？

髙山　はっきりしているのは、昭和57年（1982）の「歴史教科書誤報事件」です。文科省が「華北への侵略」を「華北への進出」に書き換えさせたという、実際にはなかった話が新聞や雑誌で一斉に報道され、中国や韓国との外交問題にまで発展した。

日本人の歴史観を変質させた真犯人は、新聞や雑誌などのマスメディア、はっきり言えば「朝日新聞」です。

第二章【政治編】

バラク・オバマ、アンゲラ・メルケル、安倍晋三――歴史に名を残すのは誰か

オバマが評価される時代が来る!?

高山　オバマ大統領というのはごく当たり前の国だったら、いちばん優れた外交官かステーツマン（政治家）だったのではないかと思います。

そもそも、アメリカはものすごく豊かなのに、傲慢で偏屈な国です。そのうえ、あまり失敗もしたことないのでタチが悪い。

だから、1回負けたベトナムに対しては、20年以上も経済封鎖をしてきた。自分自身が植民地から独立した国であるのに、イギリス連邦から独立して楯突いてきたビルマに対しては冷淡な態度をとってきた。キューバに対してもそうです。それからイランに対しても、「序章」でお話しした大使館騒動以来ずっと恨みを持ってきた。

自分の気に食わない国に対して、アメリカは経済封鎖で対処するのですが、その経済封鎖された国は、本当に「赤貧洗うが如し」で、経済的に機能していませんでした。それをオバマは片っ端から解いていったのです。ビルマもキューバもイランもです。

例えば、アメリカはキューバと50年ぶりに国交正常化に踏み切ったと言われていますが、実はキューバへの抑圧は1世紀以上にわたっています。キューバはもともとスペインの植民地でしたが、19世紀末の「米西戦争」を経てアメリカの保護国になりました。

その後は「プラット条項」に従って、キューバの外交権はほぼアメリカの手に握られた状態となり、歴代の政権は「キューバ革命」までアメリカに都合のいい政策を取らされていくこととなります。

川口 アメリカのパートナーであるイスラエルや、国内のユダヤ勢力から「絶対にイランは許すな」という突き上げがあったと考えられますから、よくできたなという感じはしますね。

髙山 さらに、オバマ大統領は内政面でも大胆なメスを入れました。まず注目すべきは「保険制度」、通称「オバマ・ケア」でしょう。これは、現在の先進国だったら当然の社会保障制度ですが、この問題に手をつけることはふつうのアメリカ大統領では無理だったでしょうね。

アメリカは昔からインディアンを殺し、黒人を叩きのめしてリンチし放題やってきて恨みを買っているので、常に「自分を守ってないと殺される」という恐怖がある。

そういう報復への恐れから、銃所持は認められているのですが、それもやめようようとオバマは言った。オバマは将来、「アメリカをまともな神経に戻した大統領」として再評価されるのではないかと思います。

川口　じゃあ、今度の大統領選でオバマのあとを継ぐ人は、すでに敷かれたレールを壊しづらくなりますね。

髙山　まったくその通りで、新大統領は「ビルマを切って捨てる」「キューバと断交する」「イランを許さない」ということはもうできないでしょう。それはヒラリーだろうがトランプだろうが、正常に戻った政治を行わざるを得なくなる。アメリカ人は〝精神的〟に次のステップにいくことになると思います。

オバマ大統領の広島訪問はその「第一歩」だった。演説内容にすべて同意することはできませんが、これまでの過去にすべてに区切りをつけたというのはオバマだからできたことです。

川口　歴代のアメリカ大統領は誰ひとりとして、広島に来ませんでしたからね。もちろん、いま、髙山さんがおっしゃったことはオバマ大統領の功績で、これはある意味、オバマが白人でなかったからできたことではないかとも思います。

1964年、東京オリンピックの開かれていたころ、アメリカの黒人にはまだ参政権がなかった。だから、2008年、オバマ大統領が現れたということは、すごいインパクトだと思います。歴史的な出来事です。

でも正直言って、私はあまりオバマ大統領のことを評価していません。

オバマ大統領は就任後まもなく、訪問先のチェコで「核廃絶を世界に呼びかけた演説」をして、世界中の多くの人を感動させた。アメリカが、核廃絶の先頭に立つという宣言、それこそ“Yes, we can”です。オバマ大統領は、本当に演説が上手です。このときも、演説が評価されて半年後には「ノーベル平和賞」をもらうのですよ。では、それ以後8年間、世界は核廃絶に向かいましたか？　ノーです。

髙山　ノーベル平和賞自体が政治的、嘘臭い。テロリストのアラファトやベトナム戦争の不始末を拭うキッシンジャー受賞でもわかる。インチキですよ。あれはオバマの権威づけ、リーダー国家アメリカの権威づけがそもそもの狙いで、それ以上でもそれ以下でもないのでは。

川口　それはそうです。でも、ノーベル賞というのは、ふつう、どの分野でも功績がないともらえません。髙山さんは、多くの日本人学者の功績が誰かに盗まれて、日本人が取るはずだったノーベル賞が取れなかった話を書かれていますが、誰の功績であったかは別にしても、功績は必ずあるわけです。

そういう意味では、オバマ大統領は演説しただけで賞をもらった唯一のノーベル賞受賞者です。これでは弁論大会と同じじゃないですか。

しかも、演説の中身が欺瞞に満ちています。「20世紀に自由を求めてともに戦ったように、21世紀には恐怖のない生活を世界中の人々が送る権利を求めて我々はともに戦わねばならない」とか、「ゆえに私は本日、信念を持って表明する。アメリカは、核兵器のない世界の平和と安全を追求するのだ」とか。だんだん、腹が立ってきます。できないとわかっていることを、ここまで美しく言いますか？

２０１０年にロシアとの間に結んだ「新戦略兵器削減条約」もそうです。核弾頭の配備数を減らすといっても、１００個ある核を50個に減らして、何がどうなりますか？

アメリカがいつか核兵器を廃棄するとしたら、もっと効果的な武器ができたときでしょう。そのときは、他の国も廃棄します。いま、世界は、２００８年より、確実に醜悪になっていますよ。オバマ大統領にはノーベル賞を返してほしいですね。

髙山 あの時期に白人キリスト教徒でない者がアメリカの指導者になった。そのことがまず第一だと思います。そしてもうひとつがオバマはどう逆立ちしてみたってイスラム教徒です。事実、ムスリムの子供です。でも、オバマの「フセイン」というミドルネーム、ムハンマドの孫の名前ですが、それをアメリカの新聞は書きたがりませんが、そういう人が立てばイスラムとの和解や理解が進められるという計算もあったと思う。それはキューバ、イランなどとの仲直りなど一部ではうまく機能したと思います。

アメリカとドイツの微妙な関係

川口 そういうバラ色の期待が強かったのか、オバマ大統領は、ドイツでは絶大な人気でした。2008年7月、彼がベルリンを訪れたとき、まだ大統領でもないのに、そのスピーチを聞こうと、20万人の人が集まったのですよ。20万人! そこでも彼は、地球を救い、テロを撲滅し、グローバリズムの敗者を救うのだと、素晴らしい演説をしました。

髙山　しかしアメリカという国は、メルケル首相の携帯電話の盗聴発覚以来、ドイツでは評価が低くなっているでしょう？

川口　ドイツ人は、もともとアメリカがあまり好きではない。でも、オバマ大統領だけはアメリカという傲慢なイメージがあまりなくて気さくだったので、ドイツでは爆発的な人気だった。「新しいアメリカが生まれる」という期待が満ち溢れていました。でも、結局は何も変わらなかった。そしてもちろん、いまではおっしゃるとおりアメリカとドイツは、前よりももっと仲が悪くなっています。

ただ、アメリカがメルケルの携帯を盗聴したとか、膨大な情報を収集しているとかいってドイツ人が大騒ぎしているのは、かなり噴飯物です。実際は、ドイツ政府は全部知っていたばかりか、ドイツの情報機関も協力してやっていたことでしょう。それをあたかも知らなかったみたいに、メルケル氏は、「友達同士のあいだで盗聴するなんていけないことだ」と言ったのですよ。まるで幼稚園です。

髙山　これはかなりな程度、馴れ合いというか、着陸地点を予《あらかじ》め持った政治ショーというかポーズごっこなのでしょう。

川口　熱心に情報収集しているのはアメリカだけじゃない。ロシアだって、トルコだって、皆、同じです。ベルリンのイギリス大使館の屋上に白い円筒形の物体があるのですが、ハイテクの盗聴システムだそうです。これが赤外線カメラで撮るとすごく反応するので、「イギリス人は大使館の屋上にサウナをつくったらしい」なんて冗談が出たほどです。イギリス大使館はそれに対する取材に応じなかったというけど、当たり前でしょう。

ただ、ドイツだって、情報収集は得意です。ドイツはテロが少ないなどと言いますが、これは情報収集が行き届いている証拠です。でも、その成果を自慢すると、情報を集めていることがばれるので言えない。

一般国民のあいだでは「情報漏洩への恐怖」が根強く、スパイはいけない、個人情報を守ろうという意見が一般的です。メディアは、すべて知りながら、正義の味方ぶってそれを煽っているのでしょう。いま、テロ防止ということで、送金、あるいは航空券の情報を開示しなくてはいけなくなりましたが、これにもドイツ人は強く抵抗していました。特に、アメリカが情報を集めていることが、とても気に入らないようです。

髙山 だから、いまロシアにいる米情報機関の秘密情報をリークした元CIAのエドワード・スノーデンを「ドイツに亡命させるべき」という意見があるのかな。

川口　スノーデンはドイツでは英雄に近いですね。かつてオバマが英雄だったことを思えば、かなりぶれる国民です。

髙山　アメリカ大統領選について、ドイツではどう報道されていますか？

川口　あまり盛り上がりませんね。ドイツのメディアは、基本的にトランプ候補をバカにしています。「トランプなんかになったら大変だ」「まさか彼が当選することはないだろう」というのが、メインオピニオン。だからといって、ヒラリーの味方かというとそうでもありませんが。正直、延々と続くお祭り騒ぎに食傷気味といったところでしょうか。おそらく、テレビ一騎打ちまでドイツのメディアでは小休止かと思います。

髙山　なるほど。イギリスのEU離脱問題や、最近は話題にならないけれども悪化が続いているギリシャ問題、そして難民問題……、こうした問題の山の中でドイツではアメリカ大統領選はすごくかすんでいるのでしょうね。

メルケルはサッチャーを超えるか

川口 いま、ドイツをはじめEUの喫緊《きっきん》の課題は、シリアなど中東からの「難民問題」です。最盛期に比べてドイツへの難民流入は少なくなっていますが、それはドイツの周辺国が国境を閉じているからドイツにまでたどり着けないというだけの話です。だから、ほかのところに難民が溜まってしまって、しかも、酷く悲惨な状況になっている――。それをどうにかしようというのがEUの課題ですが、全然進まない。

そもそもEUの他の国は、難民がこれほど増えたのは、ドイツが突然、EUの規則を破って、難民ようこそ政策を敷いたからだと思っているわけです。それなのに、ドイツが突然、「EUの連帯」などと立派なことを言い出して、EUに入ってきた難民を、皆で分担しようなどといったので、大変頭にきた。「あなたが好きで入れた難民でしょう。自分で面倒見てちょうだい」ということです。

そこで、今年の3月、メルケル氏はEU各国を説得して、EUとトルコのあいだにある取引を成立させました。トルコというのは難民の中継地になっていて、すでに2

50万から300万の中東難民が溜まっています。一応、トルコに保護されているわけです。彼らはしかし、本当はEUに行きたい。だから、ゴムボートに乗って、ギリシャの島に密航します。トルコから目と鼻の先なのですね、ギリシャの島は。そこまで着くと難民は、ギリシャ本土に渡って、バルカン半島を北上し、最終的に、オーストリア、ドイツに到達します。

だから、取引というのは、トルコに頼んで、難民がトルコを離れないように見張ってもらおうというもの。そのかわりにEUはトルコに資金援助をしましょう、トルコ人に対するEUの入国ビザも撤廃しましょう、トルコのEU加盟交渉も再開しましょうというものです。メルケル首相は色々正当化していますが、どうみても、臭いものに蓋ですよ。お金の力で難民はなるべく遠ざける。

髙山　きれいごとを言っていたドイツは大変だね。

川口　この取引では、ギリシャなどに溜まっている難民を、トルコに送り返すということも決められています。ただし、それと同じ数のシリア難民をEUは正式に難民としてトルコから受け取る。つまり、「不法難民」と「合法難民」の交換。密航の可能性を潰しながら、しかし、人道的な義務は果たすと。

この取引が締結されたあと、ニュースで、ギリシャ国境にいる不法難民がトルコ行きのフェリーに乗せられる映像が出ました。難民が、右と左からギリシャの国境警察に挟まれて、抵抗もしないで船に乗せられていく。ただ、あとで聞いたところによると、トルコに難民を送り返したのはその日だけだったとか。要するに、パフォーマンスだったのです。

髙山　しかし、どの国も「そんなのできっこない」と思っていたのを一生懸命説得してやったのがメルケルじゃない？

川口　そう。実際には、もう何年も前からイタリア、ギリシャ、ハンガリーに難民が集中して、彼らが苦しんでいたのに、ドイツは知らん顔をしていた。だから、いまごろ、ドイツが何を言っても、皆、「冗談じゃない！」と思うわけです。それより、自分の国の国境の防衛のほうが重要だと思っています。

髙山　他の国もそうだけど、ドイツ国内でも不満の声は多いでしょうね。

川口　不満が膨れ上がっています。ドイツ人は最初は、善意で一生懸命、難民を助けて頑張っていましたが、なにしろ、2015年の1年間で110万人ですからね。しかも、難民由来のテロが起こったり、婦女暴行事件が起こったりすると、嫌気がさしますよ。それでも、メルケル首相は自分の難民政策は絶対に正しいと、ずっと言い張ってきた。そこで何が起こったかというと、右派の政党が力をつけてきた。

「ＡｆＤ（ドイツの選択肢）」は２０１３年にできた党ですが、メキメキと力をつけて、９月４日のメクレンブルクｰフォーポマーン州の州議会選挙では、ＣＤＵ（ドイツキリスト教民主同盟）を抜かしてしまった。さらに、その２週間あとのベルリンの市議会選挙でも大躍進で、ＣＤＵは惨敗。ベルリンは「特別市」なので、「州」扱いです。非常に重要な場所でもある。

だからでしょう、その翌日、メルケル氏は初めて、記者会見で自分の難民政策が間違いだったと認めました。ＡｆＤはすでに16のうちの10つの州議会で議席を持っています。

髙山　２０１７年秋の総選挙はどうなりますか？　再選すれば、メルケルはサッチャーの任期を超えるね。これまでは、サッチャーがいちばん女性宰相として長く在任したけど。

川口　そうですね。難民問題の失敗で人気は落ちているけど、それに代わる人材がいないので、結構強気ですよ。

実は私、昔はメルケルのファンでした。大臣デビューは環境大臣でしたが、環境と産業のバランスをうまくとった政策をしていたし、首相になった最初のうちは、人権問題にもずいぶん力を入れていました。ところが2007年、ダライ・ラマを正式に首相官邸に招いたことで中国との関係が悪化し、それに懲りたのか、以後は人権問題にはお飾り程度しか口をはさまなくなりました。そのあとの中国との急速な接近は、ご存知の通りです。

そのうえ、ここ数年は、さらに不思議な方向に行きはじめています。変だと思っている人は、ドイツでも多いようです。そんなわけで、私ももうファンは降りました。

髙山　中国への傾倒は、経済重視もあるでしょう。

また、2011年、福島第一原発の事故のあと、突然「脱原発」に舵を切ったのも不自然だったね。

川口　これは環境のためでも安全のためでもなく、完璧に政治的な決断でした。彼女は物理学者ですし、原発が人間の力では制御できないものだとはたぶん思っていないでしょう。これについては、あとでもう一度くわしく触れたいと思います。

髙山　2011年には、メルケルは「徴兵制」も撤廃しましたね。

川口　徴兵制撤廃も、突然やった。ただ、ドイツでは実はいま、大規模な軍備拡張が進められています。NATOでも存在感を強めているし、東欧とバルト海の国々がロシアの脅威を受けているといって、ドイツ軍を派遣しています。そこへ持ってきて、「難民ようこそ政策」でしょう。メルケル首相の意図は、よくわかりません。

髙山　移民については、安い労働力を欲しがっている産業界に背中を押されたと思うけどね。

川口　それもありますが、結局、いまになって、難民はほとんど労働力としては使えないという結論が出はじめています。少なくとも、その子供の時代ぐらいにならなければ使えない。メルケルの難民政策、脱原発政策は、「人道的で立派な首相だった」という名をドイツ史に残すことが目的ではないかという意見もありますが、それでは国民が気の毒です。

メルケル首相は、前任者のシュレーダー首相が貫いた「アジェンダ2010」という過激な構造改革のメリットをたっぷり受けた。シュレーダー氏自身は、これで国民に嫌われて選挙に負けましたが、その効果がメルケル氏が首相になってから出はじめたのです。メルケル首相の場合はその反対で、後任の首相がメルケル氏の「歴史的功績」の尻拭いをさせられることになるかもしれません。

ドイツでも起きている「トランプ現象」

高山　現在のドイツ政治をみると、これまでの保守的なものとは違う、どちらかというとかなり「革新」に寄ったものになっていますね。

川口　革新というほどではないけれど、ドイツの政治勢力は主要政党の「ドイツキリスト教民主同盟（CDU）」も「社会民主党（SPD）」も真ん中に寄ってしまい、CDUの右側に隙間ができた。その隙間に、先ほど申し上げたAfDが入り込んだわけです。AfDのことは、既成政党やメディアが「極右政党」とか「ポピュリスト」と呼んで蛇蝎《だかつ》のように嫌っていますが、これはどう考えても、CDUが自分で招いた現象でしょう。

もともとAfDは、EUの共同通貨「ユーロ」に反対する経済的主張を掲げていた党で、経済学者や大学教授たちがつくりました。「ユーロは経済状態のまったく違う国が一緒になって、同じお金を使うようにする制度であり、その歪みがユーロ危機を引き起こした」というのが設立動機です。「EUという政治共同体をつくるのには賛成だが、無理な経済的統合はやめるべきである」という主張ですね。

高山 そこに、いままでは保守派だったCDUの左旋回に違和感を覚えた人たちがAfDに流れてきたんだね。

川口 そういうことです。そのほかにもAfDを支持しているのはもう一派あって、「どうも最近は収入の格差も出てきているし、民主主義体制にもかかわらず、自分たちはバカを見ているような気がする」と考える低所得層です。

高山 なるほど。いままでだったら、受け皿としてSPDがあったのに、「SPDは労働者の味方をしてくれていない」と感じる人たちが少しナショナリズムに傾いてAfDに加わったと。つまり、ある種の「トランプ現象」が広がっていると言えるね。

川口 ドイツだけではなく、ヨーロッパのほとんどすべてでしょう。

こうした勢いがあるので、既成政党はみな戦々恐々としています。「ポピュリストたちの台頭を看過すると、民主主義が壊れる」とか、「戦争になる」とか、一生懸命危機感を煽るのですが、やればやるほど自分たちはズルズル落っこちて、右派の支持率は伸びるばかり。

先日の地方選挙のあと、「AfDに票を入れたのは、低学歴、低収入、失業者が多い」というような報道もあり、これにはメディアの悪意を感じましたね。そういうレッテルを張りたい気持ちはわかるけれど、そろそろ、「AfD支持にはもっと深い意味があるのではないか」と真摯に考えはじめるべき時期が来ているのではないでしょうか。

髙山　さらに面白いのは、国によっては、同じような理由で左派の政党も支持を伸ばしていることです。オーストリアではこの前の大統領選で、右翼政党とみどりの党が争った。これは典型的な例です。後者がギリギリで勝ちましたが、不正があったということで結局やり直しです。だから今度はひっくり返るかもしれません。ギリシャの与党も、左派だけでは足りず、極右と言われていた党との連立です。

フランスでは右派の国民戦線が台頭してきていますが、イタリア、スペインなどでは左翼勢力が元気になってきました。

川口　イデオロギーとしては正反対に見えますが、不満の大元は同じなのです。持たざるものの反乱。ちなみに、右派と左派が一緒になったものが、過去の「国家社会主義ドイツ労働者党」、つまりナチスでした。

イギリス「EU離脱」の背景

高山　EUが限界に来ているのは事実だね。

川口　そうですね。ポーランドやハンガリーは、EUの権限の縮小と、各国の主権の拡大を主張していて、とても元気がいい。ドイツのメディアはこの両国の首相を独裁者のように報道しますが、どちらも昔の大国だけあって、プライドもあるし、外交も上手だし、面白いですよ。だからこそ、ドイツ政府やメディアに危機感が大きくて、「EUの否定は民主主義の否定だ」としきりに言うわけですが、どうも国民の実感とは離れている。「自分はEU市民だ」と思っているドイツ人はいません。

高山　そこに、イギリスのEU離脱が飛び出した。

川口　私は、イギリスは最終的には残留すると思っていましたから驚きました。あの国はもともと片足しかEUに入れていませんでしたけど。

高山　この件に関して面白い話があります。イギリスの新聞ザ・サンがエリザベス女王へのインタビューをした際、女王から「EUに残ったほうがいい理由を3つ教えてほしい」と尋ねられました。すると、サンの記者はこう答えました。「教えられることはございません」と(笑)。

川口 イギリス人は、災厄はいつも大陸からやってくると思っています。エリザベス女王も、あまりEUを好きではなかったようですね(笑)。

髙山 「ひとつ教えて?」と尋ねられたら、誰でも思いつくでしょうが、3つはキツイ(笑)。EUが分裂に向かって歩いていることを、エリザベス女王はわかっていたのでしょう。

川口 エリザベス女王ほど政治的な人はいないと思います。ドイツにも、ここぞというときに首相や閣僚とともに現れて、ニコニコしているだけですが、結果的にはちゃんとイギリスの国益のために行動します。それにしても、堂々と女王を担ぎ出すイギリスの政治家がすごいですよね。

ヒラリー・クリントンは〝性悪女〟

髙山 ここで、アメリカの政治に話を戻しましょう。アメリカの新聞は、ニューヨーク・タイムズもワシントン・ポストも、もう目くじらを立ててトランプの悪口を書きまくっています。コラムを読むとトランプの悪口ばかり。でも、同じようにヒラリーの悪口も書いている。

けれど日本の新聞は、トランプの悪口だけを書き続ける。アメリカのクオリティ・ペーパーの調子でそのまま書くわけです。日本の新聞ではどこの選挙選で勝ったという情報ばかりで、ヒラリーの評判がトランプと同様に悪い理由をほとんど書きません。

しかし、アメリカの新聞には書いてある。ひとつ例を挙げれば、「ベンガジ事件」です。カダフィのリビアを潰したのも、シリアのアサドを悪者にして叩き出したのもヒラリーだった。一応成功したときに、ベンガジ事件が起きた。リビア潰し、シリア潰しをやってきた米大使が殺された事件で、オバマが好まないタカ派のヒラリーがこれをどう言い訳をするのか、最大の問題点です。

川口　ヒラリーと言えば、「e-mail 事件」で政治的に危なくなるかもしれないと言われていました。あれはプライベートなメールだから問題になったのではなく、その内容がベンガジ事件に深く関係していたようですね。

ヒラリーはリビアを潰したあと、そこで要らなくなった武器を、シリアのアサド政権潰しに転用しようとしていた。表に出るとまずい事案なので、プライベートなメールを使ってその指示を行っていた。プライベートメールだと消去できるから。

髙山 あの事件でアメリカ大使は殺されてしまいました。それでヒラリーはびっくりして、病気と称して国務長官をやめてしまった。

川口 私はあのとき、「なぜ、あの場所にアメリカ大使がいたのか」と思ったのですが、ドイツではいくら探しても、そういった報道はありませんでした。日本ではありましたか？

髙山 ないですね。その情報は近現代史家の渡辺惣樹《わたなべそうき》さんが来日したときに彼から聞きました。そのときに聞いた話では、今度の大統領選でヒラリーにとっての最大の問題点は、ベンガジ事件のような超タカ派としてやってきた「不正」だといいます。「アラブの春」とか、「民主化」とか言って他国に干渉し、トップの首をすげかえ、あとは混乱を残す。それは言うまでもなく、決して民主運動ではありません。アメリカの意のままに、カダフィのような立派なリーダーを潰してしまう。というのも、たとえばアラブ国家群がひとつにまとまるとアメリカは困るからです。この点を暴かれたら、イラクの毒ガスの件と同様、ヒラリーにとっては致命傷になるでしょうね。

アメリカもドイツも「一人前の口」をきくアベが嫌い!?

川口　最後に、日本の政治についてはいかがでしょう？　ドイツでは、安倍首相が「国民の意思を無視するタカ派の首相」というように報道されることが多くて、辟易としますが。戦時中の悪事を正当化する悪い意味での「修正主義者（リヴィジョニスト）」というレッテルも貼られています。

髙山　安倍首相はがんばっていると思います。このままいけば、日本の憲政史に高名を残すかもしれません。

戦後70年の安倍談話ではっきりと、海外に対して「あなた方とは生き方は違いますよ」と主張した。「アベはウルトラ右翼で過激なナショナリストだ」といった報道はドイツだけではなく、アメリカでも同様に行われていますがね。

川口　アベノミクスでのインフレ政策も、「輪転機をずっと回しっぱなし」という感じで書かれていました。ＥＵだってやっているのですが。

髙山　アメリカも基本、安倍批判が大勢ですよ。日本はいままでお金を刷らずやってきて、それによってアメリカ経済に大きく貢献してきたわけです。アメリカははっきりモノを言う他国の政権を嫌いますから。サダム・フセイン政権を潰したのも、リビアのカダフィ政権を潰したのも、さらにはトルコのエルドアンを潰そうとするのも、彼らが一人前の口をきくからです。これに、安倍政権が加わってきた。

だから、北朝鮮、韓国、中国、それに沖縄の問題も含めて、「アンチ安倍」を煽るような事柄をニューヨーク・タイムズあたりに次々にネガティヴに報道させる。

また、歴史認識問題については、アメリカは正しく理解しようとしません。慰安婦問題ひとつをとってもそうです。アメリカがつくった慰安婦調書の中には、日本軍の慰安婦たちは間違いなく「プロスティテュート（prostitute＝売春婦）」であると書かれているのですが、実情はそんな簡単なことではありません。

例えば、戦時中に中国奥地で日本軍が立て籠もった拉孟要塞《らもうようさい》の事例です。そこには軍の慰安婦がいましたが、「日本人とわかれば慰安婦でも中国軍は愕々しく殺す。けれども、朝鮮人ならば殺されないだろう」と、5人の朝鮮人慰安婦を最後の決戦前に脱出させました。日本人慰安婦は服毒自殺して日本兵とともに全滅するのですが、結果的に5人の朝鮮人慰安婦は助かったのです。

川口　そういう話は絶対に取り上げないと相場が決まっている。朝日新聞が誤報をようやく謝罪したこともすべて無視で、引き続き「性奴隷」が主張されています。検証して違った事実が出てくると、「悪事を正当化」したことになる。

韓国側の意見や朝鮮人慰安婦ら当事者の証言をすり合わせていったら、年齢も住所も不詳のものばかりですよね。でも、そう言うと、「当たり前、悪い証拠は日本政府がすべて破棄したからだ」と、そもそも日本人に言われます。ドイツでは、2012年、アメリカの議会を真似た慰安婦問題に抗議する「決議案」が取り上げられたこともありました。採択はされなかったけれど、国会でさんざんウソ話が披露されて、愕然としました。

高山　つまるところ、アメリカはイランやイラク、トルコと同様に日本のリーダーに対しても「嫌がらせをしたい」ということです。これにいま、インドのモディーも入り、ターゲットにされようとしています。

「自分の国を自信を持って引っ張っていきたい。それもアメリカに追随するかたちやグローバリズムのやり方ではなく」という立場のリーダーがいま、世界中にたくさん出てきています。が、アメリカはこれが気に入らないというわけです。ドイツも同様のようだね。

川口　安倍首相には、サラブレッドの品格があります。これは、世界の外交の舞台では、ものすごく大切なことです。それに、直接、安倍首相に接した政治家たちは、〝タカ派〟だなんて、これっぽっちも思っていないでしょう。

「友好的な雰囲気を保ちながら日本の国益をちゃんと伝えられるのは、いま、安倍首相のほかにいない」と私は思っています。

アメリカに逆らうと絶対に潰されますから、逆らわず、しかも飲み込まれないよう、柳のようにしなやかに、「黄金の中道」を探っているように見えます。

いずれにしても、これまで色々な偶然に背中を押されたことは、もうラッキーとしか言いようがない。運も、政治家として案外大切でしょう。ですから、党内で仲間割れやら不祥事などが起こらないよう気をつけて、ぜひとも頑張って欲しいと期待しています。

第三章【経済編】

〝安い労働力〟で成り立つ「奴隷経済」の終焉

「安い労働力」で成り立っているドイツ経済

川口　問題が山積みのドイツですが、ドイツ経済と切っても切れない問題が「移民政策」です。

ドイツは戦後のいわゆる「ライン川の奇跡」から、外国人の労働者を使って経済発展してきます。初期はイタリア人とかポルトガル人が入国したのですが、その後大量のトルコ人がドイツに入りはじめます。

と言っても、勝手に入って来たわけではなく、政府間で協定を結んで、人数を決めて入れた。トルコ政府にとっては貧困対策、兼、外貨獲得作戦だったので、とにかく熱心だったと言います。トルコで募集をかけて、身体検査などをしたのですが、学歴は重視しませんでした。ですから、貧しい地方から、自分の名前を書くのが精一杯という人が多く入ったようです。

髙山　それは、やはり「安い単純労働者」として雇用したかったからでしょうね。

川口　そうですけれど、トルコ人たちにとっては、いくらドイツで苦労しても、自国にいるよりはずっとマシだった。医療保険も完備しているし、長い休暇もある。お給料は、ドイツの水準では安くても、トルコなら垂涎《すいぜん》の的だったでしょう。要するに、「win-win」の関係です。

ただ、こうして多くの移民が入っていたのに、ドイツは長いあいだ自国を、「移民国」であるとは認めませんでした。そのため、何十年も経ってから色々な弊害、いわゆる「移民問題」が出てきて、現在に至っています。

髙山　戦前はどうだったかな？

川口　戦前は「ベルサイユ条約」の賠償金に苦しむ貧しい国だったので、外国人労働者はそれほどいなかったんじゃないですか？

髙山　１９３９年に、ドイツとロシアがポーランドを分割したね。歴史的にみて、ポーランドはヨーロッパの中で「欧州内植民地」と化していたんじゃないかな。

川口　ドイツからすれば、スラブ人蔑視でしょう。だから、戦争のときに真っ先に取りに行った――。ヒトラーはそれを「生存権の拡大のため」と言った。

髙山　ドイツは戦後復興のために外国人をあてにしたわけだけど、日本は外国人労働者をあまり入れなかったね。

川口　そこが、ドイツと日本の異なる点です。労働力の不足を補うため、日本はとことん合理化を進めました。「ドイツは合理化が遅れた」とよく言われますが、それは安い労働力があり、日本ほど切羽詰まっていなかったからでしょう。

髙山　安い労働力がたくさんあって、それをベルトコンベヤーの脇に並べておけば、合理化せずとも大量生産ができた。

川口　ドイツは、安い労働力をうまく使って発展してきた国です。戦後の経済成長はイタリア人やトルコ人が、「東西統一」では東ドイツの労働力が入り、「ソ連崩壊」ではドイツ系ロシア人がたくさん戻ってきました。それからユーゴ内紛のときは、ユーゴスラビアからの移民が大量に入り、さらにその後、ＥＵが東方拡大をはじめると、東ヨーロッパの安い労働力といった具合です。

　このような歴史背景がありますから、おそらくドイツは、「安い労働力をいかにうまく調達するか」ということを常に考えているのです。ドイツの政財界は、「良い技術者の確保」や「少子化問題」を挙げて、「難民はドイツにとってのチャンスだ」と言っていますが、本心は、〝良い技術者〟よりも、〝安い労働力〟という動機がかなり大きいでしょう。

高山　「トルコや東ヨーロッパのコストも高くなったから、今度はシリアでいいじゃないか」というわけだね。

川口　２０１４年、ドイツではじめて「最低賃金法」が議会を通過して、15年から施行されています。これまで最低賃金法というのがなかったのが、意外でしょう。現在は時給は最低８・５ユーロですが、これはギリシャよりは高いけれど、フランスよりは低い。ドイツには、とても安い給料で働いてくれる人がたくさんいたということにほかなりません。

高山　日本円で、時給１０００円くらいかな？

川口　今のレートなら９００円弱くらいですね。

でも、産業界はこの法律をとても嫌っているし、すでに抜け道を使っている中小企業も多い。例えば、ドイツでは慣習として、月々の月給のほかに12月に「クリスマス給与」というのがプラスで支給されます。ですから、実質13ヵ月分の給料が出ることになります。ところがこれは慣習であり、法律で決まっているわけではない。ですから、最低賃金法が決まってからは、法律通り12ヵ月分の最低賃金しか出さないとか。それでチャラですから。

高山　やることがせこいね。

川口　それどころか、8・5ユーロの最低賃金制度も、難民には適用しないですむよう、いろいろ画策しています。例えば、長期失業者には、最初の半年は最低賃金制度を適用しなくてもいいという規則があり、これを「1ユーロジョブ」と呼んでいますが、難民にもそれを当てはめようとか。時給1ユーロは酷いでしょう。子供のお駄賃より安い。

高山　労働者の保護はどうなってるの？

川口　1998年に、16年間のコール長期政権が終わり、「社会民主党」と「緑の党」の連立政権になったのですが、そのとき大幅な構造改革が断行されました。当時は東西ドイツの統一の余波で経済が落ち込んでいたし、労働者の権利が大きく、不景気でも企業が従業員の首を切れなかったので、それを見直す意味もありました。

それ以来、企業は首が切れるので人を雇いやすくなりましたが、一方で正規雇用が減ったり、労働者の待遇が悪くなったりもした。ここら辺は難しい問題ですね。

「資源大国・アメリカ」の底力

髙山 ここまでの話を聞くと、ドイツの経済システムはアメリカに似ていますね。アメリカはまず黒人奴隷を使い、南北戦争後それを苦力《クーリー》（支那人・インド人を中心とするアジア系の移民労働者）に変え、次はヒスパニックを使った。要するに、どんどんどんどん安い労働力を経済活動に導入しています。

川口 そういった移民に依存した経済システムに、アメリカ人の中でも疑問の声はあると思うのですが？

髙山 それに対する答えのひとつが、ニューヨーク・タイムズのコラムニスト、デイヴィッド・ブルックスの言い分です。彼はユダヤ系ですが、こう言っている。「アメリカは移民大国なので、人々には祖国愛がなく、郷土愛もない。だから、誰が来ようと気にもしない」と。

川口 ドイツ人も、祖国愛とか郷土愛とか、あまりないかなあ？　あるのは、サッカーのワールドカップやオリンピックのときだけ？　外国人に対する反発は、祖国愛とは関係なくて、単なる差別でしょう。

髙山　ただし、ドイツとアメリカが決定的に違うのは、アメリカは果てしない資源国だということだね。アメリカは「神の与えた土地」と言えるほどの、たぐいまれな天然資源を有している。それを、移民という名の膨大な外国人労働力で開発していく――。

しかも、まずは海外から資源を輸入して、自前の資源は取っておくというシステムなんだな。

川口　ドイツだって、資源の確保には敏感ですよ。安全保障に関わりますから。

髙山　もちろんアメリカは石油も輸出していますが、本当に良質の石油はとってある。

本当に特殊な構造で、あの国の経済は成り立っています。アメリカ経済は、このハチャメチャさを維持することができるならば、まだまだ衰えることはないでしょう。

日本経済の未来は明るいが……

川口　日本経済についてはどうお考えですか？

髙山　日本経済というのは、すさまじい「合理化精神」と、すさまじい「知恵」の力で発展してきた。さらに、日本人には外国人が絶対に追いつけない「勤勉さ」がある。だから、僕は日本経済の未来は明るいと思う。

川口　私は、そう楽観視はできませんけど……。

髙山　日本経済の将来を考えるうえでは、「海洋資源」がポイントでしょう。最近、日本海に一定量の石油や天然ガスの埋蔵量を見込めることがわかりましたし、伊豆七島で熱水噴出孔に資源（金などの鉱石）が含まれているということもわかりました。それから沖ノ鳥島でも似たような資源が出ています。

川口　確かに、長期で見れば見るほど海洋資源というものは重要性を増しますね。ですから、いま中国が本気で取りにきている。でも、掘削の技術は大変ですよ。

髙山　尖閣を例に挙げますと、国連機関の調査で石油・天然ガスの宝庫とわかってから中国が乗り出してきました。中国本土には「万里の長城」以外何もない（笑）。だから、一生懸命に周囲の資源ある国々、例えばウイグルを取ったり、チベットを取ったり、満洲を取ったりしてきたのです。

川口　いまや人口が増えすぎて、中国は資源少国ですからね。水資源は特に不足しているし。

髙山　そうそう。中国はオーストラリアでの買い付けをやったりもしていますが、やはり目の前にある日本の海洋資源というものに、本気で手を伸ばそうとしています。
そのような愚策を支えているのが次の章でとりあげるマスコミなのですが、やはり「日本を壊すには、エネルギーを取り上げればいい」というところはある。だから、「原発を潰せ」というのは、そういう意味では大変な脅威ですよ。

経済成長を左右する「エネルギー問題」

川口　私は、「エネルギーを問題」をここ数年ずっとフォローしているのですが、日本が原発を停めていることは、本当に絶望的なほど間違っていると思います。原発をやめろと言っている人たちは、ドイツをお手本にして言っていることが多いのですが、そもそもその認識が間違っている。
「ドイツにできることが、なぜ日本でできないのか」と言うけど、ドイツは「2022年までに原発を全部停める」と言っているだけです。何の問題もない原発、しかも、電力供給で重要な役割を担っていた原発を、一気に全部停めることなんていう自殺行為は、日本以外はどこもやっていません。安全対策は動かしながらだってできたはずです。他の国は、皆、そうしています。

それからもうひとつ大きな間違いは、原発をなくしても、その分を再生エネルギーで補塡できるようになると思っていることです。日経新聞や朝日新聞でさえ、あたかもできるように書きます。でも、それは〝不可能〟です。ドイツでさえ、まったくできていません。

再エネというのは色々ありますが、現在の主力は「太陽光」と「風力」です。どちらも、いつでもタダで手に入るように思われるかもしれませんが、お天気まかせなので、実はすごく不安定です。

これは致命的な問題で、どんなにたくさんパネルや風車を並べても解決できない。大容量蓄電池は、現状ではまだまだ実用的にこぎつけられる状態ではありません。

これは、小さな単位に置き換えてみると、もっとよくわかります。例えば、各家庭が屋根の上にパネルを並べ、自家発電をする。ただ、どんなに巨大な蓄電池をおいても、1週間も悪天候が続くと電気がなくなるでしょう。でも、そうなったとき自家発電を自慢していた人は、「大丈夫、いざというときは普通の電気を使うから」と安心してます。つまり、既存の電気系統を、当たり前のようにバックアップとみなしているわけです。しかも、そのための送電設備の経費も負担していません。

これを電気会社のほうから見てみると、〝誰かのいざというときのため〟に、電線を整備し、常に待機していなければならない。こちらも貯めておくわけにはいかないので、常にお天気や消費動向を見ながら、いつ〝いざというとき〟が来るかを予測し、すぐ対応できるようにしている。

それでいて、タダのピンチヒッターで、出番のないときも多いのだから、採算は取れない。結局ドイツでは、電力会社はどこも大赤字の状態です。

高山　そういうことは、日本ではまったく報道されませんからね。

川口　今年の6月7日付で日経新聞が「ドイツでは再生可能エネルギーの比率が30％を越え、石炭火力依存度は少しずつ低下」と書いていました。これがすごくおかしい。プロパガンダと言っていいほど、間違った記事です。

30％というのは、たとえて言うなら、「年間の降水量は全部で何ミリもあります」と言っているのと同じです。でも、その雨が3ヵ月で全部降って洪水が起きて、あとの9ヵ月日照りだったならば、何の役にも立ちませんよね。
ドイツで起きていることはまさにそれで、お天気の良いときに皆が一斉に発電して、それが全量、固定価格で、優先的に買い取られるから、電気が過剰になり、電気の市場値段は暴落する。そのうえ、余った電気はどこかに流さなければならないので、他国にお金をつけて引き取ってもらうということまでしている。もちろん、足りないときにはお金を払って隣国から買っています。1年分の発電量が、全部足して30%といっても、その数字は無意味でしょう!

髙山 無駄が多いし、経済的にも無理がある。これでは、長くは続かないだろうね。

川口 そもそも電気の供給には、「ベースロード電源」というものがあります。1年間ずっと、季節も天候も昼夜も問わず、ずっとある信頼性の高い電源です。電力システムの基礎ですね。これがなければ、産業国は成り立ちません。これをいままでドイツも日本も原子力でやってきた。日本はいま、火力でやっている。再エネではもちろん絶対無理です。そこで、ドイツもいま、慌てて火力を10基以上も建てています。
もちろん、これでCO2の問題も後戻りです。誰も報道しませんが。

髙山 マスコミ特有の「報道しない自由」というやつだよ。

川口　再生エネルギーの技術の開発には、私だって異議はありません。間違いなく、遠い将来には重要になるエネルギーだと思うし、日本も、蓄電池などの分野でどんどん研究を進めればいい。いまのドイツでは、まあ、日本も同じですが、その再エネ産業で儲けている人がたくさんいます。全量、固定価格で優先的に買い取ってもらえるから、とにかくつくれば儲かる。だから、再エネ産業としては一応、雇用も売上げもあるのですが、エネルギー政策としては国益の足を引っ張っているだけです。経済的にも無駄が多すぎる。

そのマイナス分が消費者の電気代に載るから、ドイツの電気代はEUで2番目に高い。日本だって、これからどんどん上がるでしょう。

髙山　本当に再エネが安いというなら、買取制度をやめればいいんだな。そうすれば、再エネを買う人は誰もいなくなる。

川口　先日、ドイツのヘンドリクス環境大臣が来日していましたが、ドイツのエネルギー政策の自画自賛ばかりでした。でも、実際には、ドイツ政府はいま、再エネをこれ以上増やさないようにするため、必死で頭を捻っているのですよ。法律も変えています。日本の新聞記者は何も知らない人が多いんじゃないですか?

髙山　そこがおかしい！

川口　もっとおかしかったのは、今年の6月27日の朝日新聞です。その翌日28日に原発を持つ各社が株式総会を開く予定だったので、それについての記事です。「原発を持つ電力大手9社が明日一斉に株式総会を開く。株主から、70件を超す議案が出され、大部分が脱原発を促す内容だが、9社の経営陣はことごとく否決に持ち込む構えだ」と書いています。でも、経営陣が株主総会の議案を否決に持ち込むことはできないはずです。

髙山　株主が決めますからね（笑）。

川口　株主総会で議案が可決、あるいは否決されるのは、会社の持ち主である株主の意思表示で、経営陣としては、株主の意向を聞くために株主総会をやるわけです。

朝日新聞はわざとそのルールを知らないフリをしているのかもしれませんが、あたかも株主みんなが脱原発をしたいのに、経営陣がそれを壊すかもしれないというような書き方をしています。記事のいちばん最後も、「株主のほうに耳を傾け、原発に頼らない未来を切り開く道筋を共に探る。そういう姿勢を電力会社の経営陣に望みたい」とまるであさってのことを言っています。

高山　言われてみれば確かにそうですね。

川口　高山さんが関心を持ってご覧になっていらっしゃらなかったとすれば、ほかの人たちも、皆そうでしょう。でも、考えてもみてください。この株主総会では、脱原発の意見はわずかで、結局、否定されたのです。なぜです？

高山　いちばん採算がとれて、将来性もありますからね。

川口　日本はいま世界一高い値段で石油や天然ガスを買っています。足元を見られているからです。なのに、いまだに40年を超えた原発の継続使用についてくだらない議論をしています。

40年経つともうボロボロになっているというイメージがあるらしいのですが、原発は常に点検し、機械をどんどん交換しているので、40年経ってもピカピカで新品同様です。「錆《さび》の出た自転車」を想像して発言している人は、一度見に行って欲しい。

高山　定期検査のしすぎで、稼働率がものすごく低いけどね。

川口　時計だって、とても調子よく動いているときに、全部分解して掃除すると、かえって調子が狂うのに（笑）。

日本の原発報道は嘘ばかり

髙山　東電の福島原発事故の報道もおかしかった。
メディアはあれがアメリカのGE（ゼネラル・エレクトリック）社製の原子炉だということすら言いません。津波が原因でメルトダウンが起きたわけですが、原因を調べてみたら、補助電源を海側に置いていました。わざわざ高い山を低く削ってまで、前面に補助電力を置くというのは明らかな設計ミスでしょう。製造物責任ですよ。つまり、アメリカGE社の責任です。
しかも、先ほど「40年」と言いましたが、アメリカはもう原発の使用可能年数は「80年」です。日本は40年を超えた使用年限を認めたことを大騒ぎしていますが、アメリカはこれまでも60年はOKで、それを今度80年にした。こういう話は日本ではまったく報道されていません。

川口　本当におかしいですね。

髙山　出発点からして日本の原発論争はおかしいのですよ。「原子力発電は、自然エネルギーではないので駄目だ」という論法を用いるのですが、自然環境でも――アフリカのガボン共和国のオクロ鉱山のものが有名ですが――〝天然の原子炉〟は存在しました。

20億年くらい前までは放射性同位体の「ウラン235」が3%以上あった。それがいまは自然崩壊で0・7%になりましたが、オクロには使用済み燃料と同じ0・2パーセントしか含有しません。日本を含めた各国から学者が集まって調査した結果、核生成物も見つかり、ここが天然の原子炉だったとわかった。数十万年にわたり、100万キロワットのエネルギーを出していた。つまり、原子力も自然エネルギーだったわけです。

またもうひとつおかしいのは、原子力というのは最初にアメリカが原爆で使った技術だから、「ヤバイ」という論理です。

川口　最近、福島のお医者さんたちの研究結果が発表されました。子供の甲状腺癌の発生率は、福島もその他の地方も違いがないと。人間とショウジョウバエを一緒にしてはいけません。

髙山　その「原子力が危険だ」というのは、アメリカでやったハーマン・J・マラーのショウジョウバエ実験が根拠です。

　細胞というのは、放射線のおかげで活性化するところもありますし、仮に奇形の細胞ができたとしても、「アポトーシス」といって、細胞自身がそれを自覚して自殺します。ところが、ショウジョウバエの遺伝子細胞は、アポトーシスというシステムを持ってない、原始的な生物なので、奇形のまま生まれ、それが遺伝していくのです。研究をしたマラーが１９４６年、まさに原爆投下の翌年にこの研究でノーベル物理学賞を受賞します。

　マラーはアメリカ人の共産主義者で、オッペンハイマーのマンハッタン計画の一員です。彼にノーベル賞を贈り、「１ミリシーベルト以上は危険だ」を世界中に植えつけて、アメリカは原爆の怖さを強調しました。これは戦略的な宣伝で、「アメリカに楯突いたら、お前の国に落とすぞ。そうしたらお前のところは子々孫々奇形が生まれるぞ」という脅し文句でした――。

　その脅し文句を、いまは新聞がワーワー騒ぎ立てています。

川口　怖がらせる記事が好きなのは、ドイツもよく似ていますが。

髙山　朝日新聞も酷い。いつも原子力発電には反対しているだけで、「自然エネルギーへの移行を促したい」とか書くのみで対案がどこにもない。対案がないならないと書けばいい。知らせるべき情報を取捨選択して、悪い情報のみ流して「核はコワイ」とやる。詐欺師の手口だ。

ドイツはまだ「脱原発」していない！

川口　ドイツのメディアはたまに「原発が好きな安倍政権」と書いたりします。自分たちの「脱原発」を正当化するために、あたかも安倍首相が、国民の意思に逆らって原発を再稼働させているかのような書き方をするのです。

高山　そういえば、菅直人を表彰したのはドイツだったね。

川口　私は、ドイツのニュースはわりとちゃんとフォローしているつもりですが、あれは日本のニュースで初めて知りました。

高山　当のドイツが脱原発を貫徹できずに、ドイツ国内でまだ原発を運行しているじゃないですか。

川口　もちろんそうです。

この間パリで開催された「COP21（気候変動枠組条約第21回締約国会議）」でも、「これから30年には再生可能なエネルギーを80％にする」とか、「50年には二酸化炭素排出のプラスマイナスをゼロにする」など、派手な打ち上げ花火ばかり上げています。実行可能かどうかはかなり疑問です。でも、少なくとも世界の人々に信じさせてしまうのがすごい。いつも拍手をあびて、尊敬されています。

髙山　メルケル首相は、脱原発を主張するだけ主張してやめるのだからいいのでしょうが、現在の有様をみていると、やはり実現不可能でしょうね。

川口　でも、ドイツがお金を使って、無駄は承知で壮大な実験をやってくれているのは、別にいいのです。原子力に替わる再生可能エネルギーだって、100年くらいたったら使えるようになるかもしれませんから。

メルケル首相が地球を救うみたいな態度でやっているのは、ちょっと的外れですが、それも別にどうでもいい。ただ、日本が真似をすることが問題なのです。ドイツは、再エネのおかげで電気が余ろうが、足りなかろうが、それを隣国と買ったり、売ったり、いや、お金を出して引き取ってもらったりできる。日本はそんなことは逆立ちしてもできません。

それに、ドイツの火力は、いざとなれば、安い自国の褐炭《かったん》で動かせます。日本は、どこを掘っても、褐炭なんて出てきません。世界一高い燃料を、あちこちから買っているのです。

先日、中部電力の碧南《へきなん》火力発電所を見てきましたが、6万から9万トン級の石炭船が、オーストラリアやインドネシアから石炭を運んでくる。ひとつの船の荷揚げに2、3日かかるそうですが、年間約130隻で、本当に、大袈裟ではなく、ほとんど列をなして往復しているのです。あの光景は忘れられない。気の遠くなるような話です。

この発電所は410万キロワットの電気を発電していて、年間約1000万トンの石炭を使う。全部、燃やして、おしまい。空気が汚れることもさることながら、あまりにももったいない。日本の国富ですよ。これでは、日本人がどんなに一生懸命働いても、豊かになれない。

私は、アベノミクスがうまくいかない原因のひとつは、このエネルギー政策だと思っています。地震よりも津波よりも、経済的な害は大きい。

高山　そういえば、「地震」という言葉はドイツ語にありますか？

川口　「エアトベーベン（Erdbeben）」と言いますね。「Erd（Erde）」が「地球」、「Be-

ben」が「震動」。しかし、ドイツでは地震は1980年代に1度あったくらいでそれ以来聞いたことはありません。地震など経験したことのないドイツ人が大半です。

同じヨーロッパでも火山の多いスペインとかイタリアに行くと地震があります。先日もイタリアでありました。建物が耐震構造になっていなかったので、街がひとつ、まるまる消滅しました。新しい建物も全壊しており、耐震にするための補助金はEUからもたくさん出ていたのに、どこに蒸発したかわからないということで、いま、大きな問題になっています。

高山　ラドヤード・キップリングの回想に出てきますが、彼が日本にいるときに地震があったらしく、「もう気分がめちゃくちゃに動揺して、すべてがそこで踊りだしてしまうほどだった」と書いている。びっくりして転げ落ちるようにして外に出たら、「もう終わってますよ」と日本人に笑われてしまった。キップリングいわく、「日本人は最後の審判ですら、笑って通り越せる」(笑)。

川口　皆、大げさですよ。以前、夫が初めて日本に来たとき、朝、小さな地震がありました。私にとっては起き上がるほどのことではなかったのですが、彼は飛び上がってすごい勢いでお財布を捜しているので、何してるのかな、と思いました(笑)。

髙山　地震がほとんどないような国と、津波と大地震の頻繁に起こる日本の原子炉を比較すること自体がおかしいんだよね。それで、向こうはさっさとやめてしまうという話ですから、なおさら意味がわからない。

川口　日本の原子炉は地震では全然壊れていませんし、壊したのは津波でした。日本の原子炉は地震に耐えられるという事実は、地震国はちゃんと頭に入れていると思いますよ。

「BRICs（ブラジル、ロシア、インド、中国）」の展望

髙山　ところで、「話題」が経済についてですから、「ＢＲＩＣｓ（ブリックス）」を簡単にやりましょうか。ブラジル、ロシア、インド、中国について――。

インドのモディもロシアのプーチンも、ともに「グローバリズム反対」です。いまロシアが日本に接近していますし、インドのモディは、やはり人的資源の活用のため国内統一からはじめようとしています。

近年よく報道される（インド）北東７州、実はビルマから奪ったマニプル州やナガ

ランド州といったバングラデシュの北のほうにある部分ですが、あの辺りは石油もタングステンも産出する宝庫なのです。

そこの民族はインドアーリアンではなくて、ビルマ系アジア人です。インドは地下資源を取っていくだけで、住民福祉はない。不満が昂じて独立運動が起き、そのため午後5時から出歩き禁止なのです。戒厳令が敷かれている。だから北東7州というのは、ただ搾取されるだけで、本当に「橋のない川」ではないですが、経済制裁時のベトナムやビルマを彷彿とさせるくらい、道路の舗装もなければ下水もないのです。インドは強制的に抑え込んで、植民地化していたのですね。

モディはこれを再考するでしょうし、パキスタンと組んでイギリスの植民地支配から脱しようという動きを持っているので、独自の動きを示すでしょう。

川口　ブラジルは、オリンピックが終わって、あとは自滅っぽいですね。

髙山　そう、自滅だね。ブラジルはマットグロッソといって、ロシアのチェルノーゼムと同様にものすごく豊かな農業地域なんですね。資源もあり国土も豊かですが、人材に恵まれない印象です。

そして中国は中国本土ではなく、チベット、ウイグル、内モンゴル、満洲がポイントですね。万里の長城の向こうを植民地化というか、力で抑え込んで資源を奪っている。民族問題が活発になれば、明るい将来はないでしょう。むしろ「中国人は万里の長城の内側に帰れ」ということになるでしょうね。

だから、中国はそれを恐れて、例えば満洲人は根絶やしにする。遠くウイグルに満洲人を持っていって、ウイグル人を満洲に持って来てという「民族と故郷を分断する政策」を行っています。このような圧政に絶対に将来はない。

川口　「AIIB（アジアインフラ投資銀行）」は？

高山　AIIBは、嘘しか書かない朝日新聞が「アジア開発銀行より加盟国が増えて素晴らしい」と書いてありますから駄目でしょう（笑）。

産経新聞の田村秀男氏も言うように、出資金は中国が出したが、その出資金を担保にした起債ができていません。あやふやな債権には20%ぐらいの金利が――ジャンクボンドになると30%になったりします――つきますが、それですらつけられないようです。100%つけても誰も買わない状態でしょう。AIIBはあってなきが如しです。

そもそも中国は出稼ぎ者を民工というかたちで奴隷化して人権を無視しています。

人的資源以外の資源は、収奪と植民地化でまかなっています。次に、狙うのは先ほどもふれたように日本の海洋資源でしょうね。

「パナマ文書」と「国際金融資本」

川口　この前の「パナマ文書」の発見によって、グローバリズムと国際金融資本の闇が一気に出てきたような感じがします。「グローバリズムを肯定するか、否定するか」という世界の流れができてきた。グローバリズム推進者は「金融」「生産手段」「情報」などすべてを握っていることがわかってきました。

ただ、「グローバリズム」対「ナショナリズム」となると、それはちょっと違う気もしますが。

髙山　グローバル推進者は、支配者がどこにいて、どう人々を操っているかが見えないようにするために、「民主主義」を掲げて煙に巻いてしまうのです。

すると、多くの人々は、自分たちは民主主義の国にいるのだと満足してしまい、さらに現政府に不満をぶつける民主運動家がはびこってくる。日本でも知恵の足りない学生たちがフットライトを浴びた。SEALDs（シールズ）という組織があった。あれもそのひとつでしょう。最近、解散したけどね。

川口　「自分たちは民主主義の国にいる。言論の自由がある」と思い込んでいる人が多いのですが、実際は知らず知らずのうちに、莫大な利益を得るある一定のグループに操られているのではないかと思います。もはや、従来の「右翼」と「左翼」、「資本家」対「労働者」、「保守政党」対「共産党」という図式では読み解くことはできませんね。

髙山　共産主義というのはグローバリズムのひとつの手段だったといまからすれば思ってしまいます。それが破綻《はたん》して、それに替わるものとして冷戦後のグローバリズムがあります。これを誰が仕切っているかというのがわかりにくいので、「ウォール街」とか、「ユダヤ人」という言い方をするのですが、あまりに抽象的な印象を受けるので、それでは説得力が薄れてしまうのが現状です。

ユダヤ人とひとくくりにするのではなく、「アシュケナージー」という言い方にするとより適切だと思います。「反ユダヤ主義」のことを「アンチセミティズム（antisemitism）」というように、ユダヤ人はもともと、アラブ人と同じくゼム族の系統に属していいます。肌の色が浅黒いのはユダヤ人の中でも「セファルディー」と言いますが、これに対してヨーロッパに住む白人系ユダヤ人が「アシュケナージー」です。

例えば、イスラエルに行って首相になったゴルダ・メイアがそのひとりですが、彼女はポーランド出身のアシュケナージーです。科学者のアインシュタインもアシュケナージーです。

川口　有名な音楽家にもアシュケナージーは多いですね。ダニエル・バレンボイム、ラドゥ・ルプ、イツァーク・パールマン、ブルーノ・ヴァルター、ウラディミール・ホロヴィッツ、古いところではメンデルスゾーン、マーラー……。

髙山　占領下の日本を取材して『ニッポン日記』を書いたアメリカのジャーナリスト、マーク・ゲインもそうです。アシュケナージーは世界の様々な重要なポストを占めています。ロイター通信をはじめたポール・ジュリアス・ロイター、いまのＡＦＰ通信をつくったシャルル＝ルイ・アヴァス、ドイツのヴォルフ通信のベルンハルト・ヴォルフもアシュケナージーです。アメリカの歴代国務長官にも多くて、ニクソン政権のキッシンジャー、クリントン政権のマデレーン・オルブライト……。

そういえば、アメリカとユダヤ人をめぐる話で面白いものがあります。キューバとアメリカの国交回復について、ニューヨーク・タイムズのデイヴィッド・ブルックスが書いていたもののなかに、「キューバ人は愛国心が強くて、こんなに貧しくても、それで郷土愛が熱烈にあるんだ。そのいずれもアメリカ人は希薄だけど」とありました（笑）。

川口　そうですか？　オリンピックの国旗掲揚のときなど、みんな、胸に手を当てて感動した顔をしていて、とても愛国心が強そうに見えますけど。

髙山　でも、こんな例もありますよ。私のロス時代の話ですが、あるきれいな日本人の女の子が英語を勉強しにアメリカに留学するのですが、簡単に白人にひっかかって子供ができます。亭主は無職なので子供を預かって、奥さんが働きに出るのですが、その勤務先で私は彼女と知り合いました。「大変だね」なんて言っているうちに、しばらくすると、亭主が逃げてしまったというのです。アメリカには生活保護はないから、ホントに苦労して母子で生活していました。

このように、逃げていったアメリカ人には、郷土愛もなければ、団結心やソリダリティ（連帯感）も何もない。

先ほどの記事に感心した私はブルックスについて調べたのですが、彼はオンタリオ生まれで宗教はユダヤ教である（religion: jewish）、という情報を見つけました。もっとも、本人はそれほどreligiousではない、つまり熱心な教徒ではないそうですが。アメリカ人のことをここまではっきりと書けるのは自分自身がユダヤ人であるからなのでしょうかね。

とにかく、グローバリズムという甘い罠に引っかからないこと。これが、キーポイントでしょう。今後は、「グローバリズムの魔の手から自国の経済を守れた国」が生き残るだろうね。

第四章【マスメディア編】

アメリカとドイツのジャーナリズムも〝朝日新聞化〟している⁉

民主党政権に甘い、アメリカの新聞

川口　世の中をおかしくする問題点にメディアがあるでしょう。例えば、アメリカはどうですか?

髙山　「新聞のある国と、ない国があったら、新聞のあるほうを選ぶ」というトーマス・ジェファーソン（第3代米大統領）の有名な言葉があります。そして、朝日新聞がそれを「天声人語」で嬉々として取り上げたことがある。

しかし、ジェファーソンには次のような逸話もあります。ある学生が彼のもとへ来て、「私は新聞記者になりたい」と言います。そうするとジェファーソンは「君は新聞というものが何であるか知っているのか。新聞とは〝事実〟を入れると〝醜悪〟なものを生み出すアパレイタス（装置）なんだ。新聞記者をやるくらいだったら、人間をやめてしまえ!」と答えた（笑）。

川口　歴史だけじゃなくて、新聞も誰かのための「物語」ですか。

髙山　そう。そして、アメリカのメディアというのは、もともと政治的な存在です。

第7代米大統領アンドリュー・ジャクソンが、新聞を使ってアメリカを統治した最初の大統領と言われています。新聞人60人を政府の要職につけて、新聞の力で政治を行なった。

政府と新聞は、切っても切れない関係です。新聞の効用は、事実を伝えると同時に、国内世論を統一して国民をある一定方向へ誘導できること。これをアメリカの指導者は古くから知っていたのです。

川口　アンドリュー・ジャクソンは民主党ですよね。だから、アメリカの新聞は民主党に甘いのでしょうか？

髙山　確かに、民主党と共和党がはっきりしてからは、新聞は民主党の味方です。共和党の悪口は書くが、民主党の悪口は一切書きません。アメリカの新聞も御多聞に洩れず「ジャーリズムの使命」などと高尚なことを言っていますが、「ウォーターゲート事件」を書き立てたのも共和党のニクソンらの醜聞だったからです。ブッシュ政権のときも「大量破壊兵器が出てこなかった」とブッシュのばかさ加減をののしり倒していますが、それは彼が共和党だからです。

終戦直後、アメリカの民主党政権が日本いじめをずっと続けてきた。ルーズベルトの「日本を四つの島に閉じ込め滅ぼしてしまえ」の遺言をきちんと守ってきた。信じられないでしょうが、アイゼンハワーの共和党政権が誕生するまで日本は世界銀行の融資まで止められていたのです。それがアイクのおかげで解除され、日本は新幹線をつくり、東名や名神などの高速道路をつくることができた。もし、共和党政権でなければ、東京五輪も開催できなかったでしょう。

川口　日本が原発を持てたのも、アイゼンハワーのおかげと言えるところもあります。日本を独立国として扱い始めたのは、共和党政権だった。

高山　民主党はすべからく日本いじめで、それを支えてきたのが、民主党支持の米ジャーナリズムです。

とても歪んでいる、ドイツのジャーナリズム

川口　ドイツのジャーナリズムも、アメリカと同じくらい歪んでいます。ドイツは元来、中道右派の「キリスト教民主同盟（CDU）」と中道左派の「社会民主党（SPD）」が交代で政権をとってきました。いつも強い野党が必ずある、ひ

っくり返る可能性のある二大政党制です。

しかし、先ほども触れたように、もうここ15年くらい、CDUもSPDも思い切り真ん中に寄ったし、SPDでさえ労働者の味方ではありません。「あなた方は労働者の集まる酒場に行ったことがありますか？　保母さんたちの話を聞いたことがありますか？」と、SPDは世間から批判されています。しかも、いま、ドイツはそのCDUとSPDの大連立です。

ですから、メディアも以前のような、「右寄り」「左寄り」という傾向がなくなっています。

髙山　政権与党のジャーナリズムですね。一時人気のあった「緑の党」はどうなの？

川口　緑の党は、いまや落下が止まらないという感じですね。福島第一の事故のあと、鬼の首を取ったようにはしゃいで、票を伸ばしましたが、そのあと、原発容認だったCDUが脱原発に舵を切り替えてしまったので、緑の党は言うことがなくなってしまった。

最近は、食肉の大量生産、大量廃棄などをテーマ化していますが、これで選挙に出ても勝てません。最近の州議会選挙でも、一部の例外を除けば、軒並み票を失っています。ただ、メディア関係者には緑の党のシンパが多いと言います。だから始末が悪い。

高山　ドイツ・メディアの反日的姿勢もずっと続いていますね。安倍首相が右翼であるというたぐいのものですが。

川口　右翼じゃなくて、ほとんど極右。安倍批判は最初のころは本当に酷かった。でも、最近は影をひそめています。一方、慰安婦や南京やパールハーバーへの批判は年中行事ですね。

　あっ、そういえば先日、テレビで新しい日本批判を見かけました。ドキュメンタリーということでしたが、セブンイレブンで夜の10時から朝の6時まで夜勤でアルバイトしている20歳ぐらいの男子学生の密着取材。家でお弁当を掻《か》き込んだあと、自転車に乗ってセブンイレブンに行く。夜通し働き、もう3時頃は倒れそう。「日本は奴隷労働をさせている」とナレーションが入ります。

「奴隷」という言葉が出たのには驚きました。最近、ドイツで貧富の格差が大きな問題になっていて、反EUの動きも右派の台頭も、そこに原因があると言われている。

高山　「日本にはもっと酷い貧富の格差がある」と言うことで、国民の目をそらそうとしているのでしょうね。

川口 今度はこうきたかと思いました。「日本では40％ぐらいしか正規雇用がない」と言い、「耐える、我慢をする」を子供に教えているから、こうなるんだと日本の教育のせいにする。でも、よくもまあ、こんなに惨めな姿を演出できると思うほど、この男子学生の姿は惨めでしたよ。おそらく、こういうストーリーのドキュメントになるとは知らないで取材を受けたんじゃないでしょうか。

最後は、ふらふらになりながら自転車で家にたどり着いた彼が、アパートの外についている鉄の階段をカンカンと上がって自分の部屋に戻っていく。そして、これから寝るために、内側からカーテンが閉められるところを、外のカメラが捉える。こういうのを見ると誰だって、「なんだこの国は！」と怒ります。

髙山 やはり、反日のポイントとして、自分が責められそうなところを先にやるというのはあるみたいだね。

川口 その通りです。慰安婦については、正真正銘の「軍管理の慰安婦」を保有していたのはドイツです。証拠もきちんと残っています。しかし、日本の慰安婦問題への非難決議の論争では、「天皇の直々の命令で、女子はみな14歳くらいから引っ張っていかれて、拷問されたり、殺されたりで、ほとんど戻ってこなかった」といった内容の、感情的な演説が延々と続きました。そこまで嘘ばかり並べて、でも採択はしなかった。

高山　自分たちが嘘をついていることを自覚しているんだろうね。だから、やはり作戦としてはやはり向こうが先に言うのですよ。

マスメディアにもある「白人ルール」

川口　最近ドイツで、「アルメニア人虐殺」が話題になりました。第一次大戦中、当時のオスマン帝国内で、トルコ人がアルメニア人を虐殺したと言われている出来事です。

5月に突然、ドイツの国会が、これが「ジェノサイドである」という決議を採択したのです。そのころ、トルコとドイツの関係は、難民問題の行き違いがあり、非常にギクシャクしていました。ですから、なぜこんな間の悪いときにこの問題を持ち出すのかと、私はびっくりしました。

アルメニア論争は、トルコにとって絶対に譲れない問題です。当時、多くのアルメニア人が犠牲になったことはトルコも認めています。しかしトルコの見解は、第一次大戦中、トルコ国内にいるアルメニア人が敵国ロシアと内通したため、戦時中の軍事的必要性に基づいて強制移住をさせているときに起こった不幸な出来事であるというものです。

髙山　日本にも関わるので少し補足しておきます。トルコ兵が、ロシアと戦って惨敗して戻って来ました。そうするとトルコ国内のアルメニア人たちがロシア軍と内通して国境を守るトルコ軍の背後をつこうとした。それでアルメニア人をロシアとの国境地帯から遠く離れた、当時トルコが持っていたシリア領に移送したわけです。

ところが、正規軍が少ないので護送役にクルド人を使いました。そのクルド人が移送中に自分たちが護送しているアルメニア人を殺して、家財道具をすべて奪って逃げるわけですよ。

ある意味、日本の「BC級戦犯」と共通するところがある。戦争を開始するといきなりアメリカ兵やイギリス兵やオーストラリア兵が一斉に10万人近く手を挙げてしまいます。それで収容所をつくってその10万人を収容し、毎日3食食わせ、監視もしなければならない。そんなところに何千人もの兵士をさいたら戦争ができない。それで3千人の朝鮮人軍属を入れて監視させます。朝鮮人はクルド人と同じで、捕虜を散々にいじめたわけです。

その結果、終戦時に朝鮮人軍属の何割かはBC級の戦犯として処刑されました。日本人の収容所所長や憲兵がその巻き添えとなり、処刑されました。

『ヴァン・デル・ポスト』というオランダ人が書いた『戦場のメリークリスマス』が日本では映画化されたので有名ですね。彼も収容所に入っていたのですが、看守が朝鮮人でした。映画ではビートたけしがその役を演じましたが、その辺の事情がよく表現されています。

ルディ・カウスブルックの体験記によると、オランダ人捕虜は日本兵の言うことを聞かなかった。日本兵は罰として3日間の入浴を禁じたのですが、そもそもオランダ人は風呂に入らない。別に痛くもかゆくもなかったと書いている。日本人の虐待とはその程度だったんです（笑）。

川口　私がドイツのニュースを見て感じたのは、トルコにはトルコの言い分があるはずなのに、それが報道されていないのではないかということでした。なぜそう思ったかといえば、南京事件でも、日本側が発表している検証結果が一切取り上げられないからです。だから、これも同じ構造ではないかと。

特に面白かったのは、「ジェノサイドという概念はホロコーストでできたものあるから、それ以前の事件には適用できない」というトルコの主張を、ドイツ側が酷く非難したことです。ところが、実はドイツも以前、１９１２年のナミビアでのヘレロ族虐殺を「21世紀初のジェノサイド」と言われたとき、まさに同じことを言っていたのですよ。どのメディアも健忘症が激しい。皆、自分のことは棚に上げて、「トルコはけしからん」と言って大上段に構えているのは、逆に凄いと思います。

髙山　それは典型的な「白人ルール」だよ。

川口　私はどちらが正しいとかそういうことを言っているわけではなくて、少なくとも両方の言い分を出すべきだと思っているだけですが、ある種のテーマでは、ドイツではそれがない。南京事件だって、私がひとりで「いや、でも……」などと言っても、誰も信用しませんよ。

ローマ法王の発信力

髙山　もうひとつ不思議なのは、ローマ法王がフランシスコに交代しましたね。アルゼンチン人ですが、彼は法王としてこの「トルコ人に殺されたアルメニア人150万人」を聖人に列聖すると言い出しています。

川口　あの法王は、恐ろしいほど政治的な動きが多いですね。あのタイミングでアルメニア訪問ですから。

髙山　そうそう。それで日本については「長崎の26聖人殉教」の問題について関心があると言っています。ふざけないでほしいな（笑）。

川口　彼はいつも大事なことを飛行機のなかで言います。機内で、マイクを持って前に立ち、まるで記者会見のようにジャーナリストに非公式に何かを伝える。アルメニアからの帰りの飛行機でも、いままでカトリック教会が同性愛者に対して取った態度について、謝罪すべきだと言った。いや、同性愛者だけでなく、貧民や、女性を差別したことにも謝らなければならないとか。

髙山　トランプについても機内で言っていたよ。「トランプはキリスト教徒ではない」と。あの法王は、けっこうくわせものだね。

川口　すごいですよね。これも飛行機のなかですが、「離婚者にも尊厳を」とか、「言ってては悪いが、カトリック信者はウサギのように繁殖しなければいけないと思っている」とか、もうハチャメチャ！　カトリック教会にとっては爆弾を抱えているようなもので、昔だったらそろそろ暗殺される時期でしょう。

髙山　「トランプはキリスト教徒ではない」という発言はそれ以上ですね。ひと昔前であれば、法王からの一国の大統領候補への「破門宣言」になります。トランプがまともかどうかはともかく、いま動いている事象に対して、法王が政治的見解を述べること自体が異常ですね。

現在のトルコ領にヴァン湖という湖があり、その辺りがかつてアルメニア領でした。アルメニア人が住んでいて、その部分のアルメニア人をトルコ人が南に移動させた。結局アルメニア人が戦ったのはいまのアルメニア共和国になる。その手前にトルコの国道があり、そこを走ると右手にいまはトルコ領のアララト山があります。旧約聖書で「ノアの方舟」が流れついた聖地が、いまはイスラムのトルコ領にある。それが法王をして口惜しがらせていると思われます。

川口　アルメニアは、世界で最初にキリスト教を国教にした国です。

髙山　エルサレムに、「聖墳墓教会」というゴルゴダの丘を包むようにしてできた教会があります。そこにはアルメニア教会・コプト教・ギリシャ正教・ローマカトリックなどあらゆる教会の祭壇があります。ところが、しょっちゅうギリシャ正教とアルメニア教の坊主が殴り合いの喧嘩をやっています（笑）。そこは教会なのに門限があり、その鍵はムスリム門番が持っています。「キリスト教はもう喧嘩ばっかりするから鍵を渡せない」というのです（笑）。話がそれましたが、アルメニア教会は極めて活発な教会ですね。

日本の「新聞」の歴史

髙山　さて、ここから罪深い日本のメディアです。

江戸時代には、「かわら版」などがありましたが、明治維新以後の日本の「新聞」についてお話ししたい。明治維新政府は薩長土肥とはいうものの、薩摩も土佐も肥前も維新間もなく粛清されてしまいます。肥前の副島種臣《そえじまたねおみ》ぐらいは残りますが、江藤新平も西郷隆盛もやられますね。要するに、長州の足軽・小者が政権を握るわけです。

彼らは「広く万機公論に決す」と明治天皇が言っているにもかかわらず、政府というハードは改革したけど、政治のソフトというのは全然変えなかったのです。「民選議院などとんでもない。オレたちが政治をやる」——。ある種の側近政治、言ってみればルイ13世のリシュリューみたいな存在になることを伊藤博文たちは考えていた。

20年近くそういう側近政治をやってきて、それでおかしいじゃないか、民選議院をつくって政治を国民に開いていこうということで、「ジャーナリズム」が生まれ、旧士族の山路愛山《やまじあいざん》らが出てきて政府に対して抗議します。例えば、山縣有朋や井上馨《いのうえかおる》の汚職を批判したり、鹿鳴館での公金を使った豪遊などを糾弾します。

それに対して、政府は「讒謗律《ざんぼうりつ》」や「新聞紙条例」を出して新聞人をどんどん投獄するわけです。政府というのは足軽・小者がやっている。対して、新聞は教養ある武士がやっている。「武士が足軽を見る目で政府を見る」というのが、明治以来の日本の新聞のかたちなのです。

川口　武士階級は貧乏な知識集団でしたからね。

高山　だから日本の新聞は政府に対する批判が先行するわけです。アメリカの新聞もドイツの新聞も、どちらかというと主権寄りの国益を守るタイプですが、日本の新聞は「足軽」対「武士」の、しかも「秩禄処分《ちつろくしょぶん》」で俸禄まで召し上げられてというルサンチマンの塊が元となっている。

これは政府側も同じで、山縣有朋は小者出身で満足に草履も履けず、町人以下の扱いで剣道場にも通えませんでした。だから自分が陸軍の司令官におさまると、「日本刀は絶対に軍刀にしない」と、サーベルにします。それで山縣有朋死後、昭和9年にやっと日本刀が軍刀になりました。

伊藤博文も足軽でした。足軽の正装は尻《しり》っ端折《ぱしょ》りです。裾を下して着流しにして歩くことさえ認められなかった。袴《はかま》もはけなかった。だから、伊藤博文は国賓を招くときの皇室の正装を和式（着物）にしなかったのです。ドイツ人のオットマルモールという人物が、礼装は和式の着物にすることを提案したのですが、伊藤博文は断固拒絶した。

川口　お正月の一般参賀のとき、最初か最後の一度だけでもいいので、古来のお衣装でお出ましになればいいなといつも思いますが、洋風のほうが正式なのですね。もっとも、衣冠束帯《いかんそくたい》ではお召しになるのも大変でしょうけれど。

髙山 伊藤博文のような元老クラスに対しても、上から目線の新聞社が次第に「アンチ政府」で固定化して、ちょうどアメリカの共和党政権時代のニューヨーク・タイムズのようになってしまいました。本来は「足軽・小者」に対するルサンチマンであったはずなのですがね。

それが定着したのに加えて、マッカーサーのときにさらに変質した。憲法の前文に「政府の行為によって再び戦争の惨禍が起ることのないよう」という一文があるわけですが、「戦争の惨禍を招くのは政府だから、それをウォッチするのが新聞であり国民の務めで、新聞はその代表格である」とマッカーサーは新聞社を集めたときに言った。

いわゆる「第4の権力論」です。現実の政府は元老重臣ではなく、民選議員の中から選ばれているにもかかわらず、いまのジャーナリズムは明治以来の形骸化した「政府見下し路線」と「政府が悪いことをする」というマッカーサー憲法の刷り込みを2つ合わせた格好になっているわけですね。

諸悪の根源は、やはり「朝日新聞」だ

高山　「憲法」についての報道にも問題がありますね。「憲」という字を「間違えたものを正す」という意味で使う憲法論を朝日新聞が盛んに言っています。いわゆる「立憲主義」というのもその意味で使っています。

しかし日本の場合には、聖徳太子の時代にすでに「十七条憲法」というのができています。「和をもって尊しとなす」というのがエッセンスです。だから日本の場合、「憲法」は「和」というのに置き換えていいものなのです。

そのような意図的な曲解がいまの日本のジャーナリズムで横行している。産経新聞の阿比留瑠比氏が最近本を出しましたが、その中で、田原総一朗が「俺なんか3人も首相の首をとったんだ」と自慢しているというエピソードを書いています。逆を言えば、首相ぐらい無力な存在はありません。

やはり、日本のジャーナリズムというのは大きく間違えている。政府の政策をダメ出しして政府を困らせ、首相や閣僚をクビにすることが新聞の役割りだと思っているの

です。

川口 そう言えば、ある編集者と雑談したことがありました。日本のマスコミは、「与党に物申すのは自分たちだ」という勘違いしているのではないかと。野党がしっかりしていないので、自分たちが野党の代わりだと思っている。それもいいけれど、国益が二の次で、政府批判ばかりでは被害が多すぎる。

髙山 そして、常に鍵を握っているのは朝日新聞です。

論点のひとつは日本の場合、例えば江戸時代の行政がわかりやすいですが、裁判所の判事と弁護士と検事とをすべて町奉行がみていたという点にあります。

当時、スウェーデンから来たツンベリーがびっくりした。裁判官と判事と検事をひとりの与力が差配して、それで情状酌量もされて、裁かれる人も納得している。それこそノブレス・オブリージュではありませんが、日本の場合は、上に立つ者というのはそれなりに「上に立つ者としての自覚」があるわけです。「武士は食わねど高楊枝」のような感覚ですね。

ところが、「自民党一党独裁」の如き言い方をして、「民主主義の在り方は二大政党だ」と朝日新聞は二言目に言ってきました。でも日本人の大勢というのは、昔の与力と同じで、公平な中でばらつきがあるぐらいでバランスがとれるので、その意味で対立政党という存在は自民党の派閥レベルでだいたい吸収できます。それが朝日にはわからない。バカのひとつ覚えで「民主主義議会は二大政党だ」と繰り返す。

川口　朝日新聞は見下し癖があり、自分たちがインテリを代表しており、しかもインテリのための新聞をつくっていると思っていますね。

髙山　「二大政党制」を主張して、一時は社会党を手駒にしたこともありました。ですが社会党から出てきた人材と言えば、土井たか子・村山富市・いまの福島瑞穂と所詮は二流以下の人材であるわけです。だから空中分解し、社会党の政治というのはまったくなっていないわけです。そして社会党が駄目になったとき、朝日新聞がかついだのが民主党です。

川口　鳩山・菅・野田と三代続けて潰れました。政権奪取には成功しても、運営には実力が必要です。これまで培ってきた外国との関係や、長年の勘も。民主党には、そのうちのどれもなかった。いままでメディアは自分たちの味方だと思っていたら、与党になったら、やおら攻撃されたので、それにも驚いたでしょうね。でも、日本のメディアは、いままでの通り、政権攻撃をやっただけです。それまで攻撃しなかったのだって、別に民主党を愛していたわけではなかった。

ドイツはいまCDUもSPDも落ち目で、小党乱立気味ですが、戦後はずっと二大政党制でした。そういう意味では、CDUとSPDは両党とも、政権運営の実力がちゃんとあったということです。ただ、一言付け加えるなら、二大政党制はロスが多いですよ。政権交代のたびに、方針が変わるので。これはアメリカの政治を見ていても、よくわかります。

髙山 朝日新聞がもう一度二大政党制にしようとして、民進党を共産党と野合させようとするのはそういう動きの最後になるでしょう。社会党も駄目だった、民主党も駄目だった、それでも次は「民共連合」と言い続ける。大衆は二度も三度も騙せるほど愚かで、どんな嘘でも刷り込むのは簡単だと思ってやっているのです。

川口 朝日新聞やテレビが、国益を無視して国民を煽るのは、本当に困りますよね。ある著名な文化人が以前、某雑誌のコラムで、「国益を前面に出すのは品がない」というようなことを書いていたので、びっくりしました。日本は日本人だけのものではないというのと繋がりますね。

でも、政治の目的が国益でなくて何でしょう? イギリスのパーマストン元首相いわく、「国家には永遠の友も永遠の敵も存在しない。存在するのは永遠の国益だけである」――。

国際親善や文化交流はほかの分野の人に任せて、政治家にはやはり国益を追求してもらわなければ。

「アメリカのポチ」から「マルキシズム」へ

高山 ここで補足しておきたいのは、戦後の、60年安保前までは、まだ新聞は正しく機能していたということです。今日のような偏りもなかった。例えば、「国旗」云々の話もなくて、そのおかげで日本の休日は家の前に必ず日の丸を掲げていました。

川口 それは、確かにそうかもしれません。私の記憶では、NHKも昔は「国旗」と「君が代」で一日の放送を終えていました。

高山 60年安保までは〝まとも〟だったというのは、朝日新聞を例に挙げると、そのころの論説主幹は先に挙げた笠信太郎でした。

笠信太郎というのは、戦時中に駐ドイツ特派員でそこから逃げ出すようなかたちでスイスに行くのですが、そこにOSSのスイス支局を指導していたアレン・ダレスと知り合ってその協力者となった。それからアメリカの対日政策の窓口として朝日新聞が位置づけられました。

川口　いまはもうGHQはないけれど、朝日新聞はいまだに「GHQ精神」を踏襲している？

髙山　ある意味、そうとも言えるでしょう。戦前、20世紀前半のアメリカにとっての問題は、「日本が台頭して、日本が中国を組み込み、中国の4億の民をリードするのでは」という恐怖でした。それでアメリカは清華大学をつくり、留学生を呼びよせ、日中分断を図ります。日中分断が最後までアメリカの政策だったわけです。戦後になると中国が強くなった。そうなったら日中がまた手を組めば厄介になる。だから離間させる政策をする。日本もひとつにまとまらないようにする。

川口　そもそも、蔣介石を追放して、共産党政権をつくったのもやはりアメリカの意思が介在していますね。

髙山　そうして日本で60年安保が起きますが、その前年に笠信太郎は『朝日ジャーナル』を創刊します。日本を分断して混乱させるためです。そこでの言論に煽られた安保闘争により60年6月15日に国会議事堂南門から学生が突入し、東大生だった樺美智子が死にました。そうしたらもう今度は樺の追悼で、恐らく数十万集まるという予測が立ちました。いわゆる「革命的状況」さえ出現する恐れが生じたわけです。

そのときに笠信太郎の指揮で、在京各社を集めて暴力デモの一切禁止を、共同社説を打って広く伝えました。デモ隊に新聞が背中を向けたわけです。これが在京7社の共同社説です。まだダレスは健在でしたね。ダレスが笠を通して、誰も日本の赤化を望んでないと伝えたのです。日本の弱体化は望んでいるが、それで赤化することは望んでいないのです。

その直前には、ニクソンが副大統領で来て、「日本の戦後憲法は間違っていたのだからあれは破棄してください」と副大統領として言っている。

川口 えっ、そうですか！

高山 ところが、新聞がスルーしてしまったのですね。笠信太郎の構築したアメリカのポチとしての朝日新聞という関係はだんだん弱体化していきます。この前、永栄潔という朝日新聞の元記者と一杯やった。そのときの話では、もうアメリカの統制下で日本を混乱させようというルートも途絶えてしまったようです。

川口 そして、コントロールされない「マルキシズム」だけが生き残ってしまったわけですね。

髙山 もはや目的のあるプロパガンダではなくなった。要するに、笠信太郎というキーマンを欠いたあと、アメリカの意図を伝える者もいなくなったということでしょう。アメリカのポチ時代のほうがまだマシだったというなさけない話ですが。

川口 60年安保までがひとつの時期で、でも70年安保の後も大事件が続きました。田中角栄の「ロッキード事件」。これもアメリカの書いたシナリオだと思いますが、日本の最高裁も何も意のままで、新聞もまったく機能してない状況でした。

そこに、1971年から本多勝一氏の「中国の旅」の連載が始まって、国民は南京大虐殺という〝日本軍の残虐行為〟に目覚めさせられ、それから、「北朝鮮は世界の楽園」だとか、慰安婦報道だとか、朝日新聞の暴走が止まらなくなる。

髙山 そして、とうとう「嘘でどこが悪いのか！」みたいに開き直っていきます。見え透いた嘘を平気でしゃべるその様子は、もう「歯止めのきかない朝日」という感じですね。

新聞とテレビに未来はあるか

川口　ただ朝日新聞は新聞という媒体形式ですから読む手間が必要です。もっとまずいのはＮＨＫでしょう。テレビ媒体なので、見るだけで情報が入ってくる以上、国民には新聞以上に浸透力があります。

私はドイツで友人に、ＮＨＫの経営委員会の話をしたことがあります。安倍首相になってから、報道がもう少し中立になるようにと、百田尚樹さんなどを投入した、あの委員会です。ところが、なぜかそのドイツ人に話が通じない。

考えてみれば、どこの国でも「国営放送」というのは、政府寄りの偏向放送をする、と相場が決まっています。つまり、そのドイツ人は、日本のように「国営放送が反政府の報道をする」ということが想定外すぎて、私が何を言っているのかわからなかったのです。

いまのドイツの国営放送を見ても、一見批判的、中立的にやってはいますが、やはりどこかで政府というか、大局の国益を視野に入れています。

髙山 国営放送というのはそういう体質のものですよ。

川口 日本だけが違うのですね。

髙山 そのNHKの経営委員会は、いままでのものは本当にお飾りでしたよ。それとも関連しますが、いま籾井勝人《もみいかつと》氏がNHKの会長になっていますが、それに対する抵抗はすごく大きかったですね。

日本で国営放送について論じるときには、必ず「BBC（英国放送協会）」が引き合いに出されます。「BBCでは政府に文句を言っている」などと、もう徹頭徹尾、「反日が正しい」という姿勢をNHKは貫きました。慰安婦による嘘の天皇裁判を報道するのが正しいジャーナリズムとするようなありさまですから。やはり、笠信太郎が引退した後――70年安保以降は、もう日本の大手マスメディアはまったく制御のきかない状況に陥っているんじゃないかなと思いますね。

川口 原発問題も「あれ？」と思うようなことがよくありますね。日本が真似をしたドイツの「再エネ電気20年間全量固定価格買い取り制度（FIT）」は、ドイツはこれを2014年に大幅に修正しました。でも、それは報道しません。

髙山 たくさん情報がある中で、日本の新聞やテレビは掃いて捨てるべき話をわざわざ取り出してくるんです。これはもうやはり許せませんね。新聞やテレビはもっと多くの情報を出せばいいのに、価値もない、ただ「反日」を言う自分の主張に合ったものを出してくるのです。

第五章【移民問題編】

「グローバリズム」と「ナショナリズム」の時代へ

アメリカは「移民国家」ではなく「侵略国家」

高山　最後は、いま世界中で問題になっている「移民問題」について、日・米・独それぞれの展望を検証していきましょう。

川口　移民がテーマですから、まずは「移民大国・アメリカ」から。

高山　ただ、アメリカは「移民の定義」が非常に難しい。そもそも、アメリカという国は、移民というより、侵略してできた国ですから。

　例えば、中東からドイツに入った移民が集団婦女暴行したというニュースが正月明けにありました。それでドイツが怒っていますが、アメリカと比べてみればかわいいものです。アメリカ人（当時はまだアメリカ人ではありませんが）は、17世紀から20世紀に至るまで平気で原住民を殺しています。

　つまり、シリア難民がドイツ人を殺して歩くようなもの。しかし、そのアメリカ人に限れば、インディアンを殺そうが、黒人奴隷を遣おうが、〝免責条項〟なのです。米国憲法によれば神は等しく人間を創られて、幸福追求の権利と生きる権利が与えられるそうですが、それは白人のみという制限がつくわけです。

川口　本質的には、いまでもそうかもしれませんね。最近は、白人の警官が黒人を有無を言わせず射殺する事件が相次いで問題になっていますが、別にいま増えたわけではなく、ついこの間までは、いくら殺しても報道されなかったんだと思います。

髙山　彼らの憲法修正2条はご存じでしょうか？

川口　ええ、「国民が武器を保持する権利」を認めた条文ですね。

髙山　本来は「ミニットマン」といって英国軍が来ると、ポール・リビアが馬で知らせて歩いて、みんな銃を携行して、英国軍と戦うという自衛手段でした。しかし、英国軍はもう攻めてこない。改廃していい条項ですが、彼らアメリカ人はそれからインディアンを殺し、黒人を酷使しリンチにかけて、指を切り、鼻を削ぎ、重油をかけて、火あぶりにして殺したことだった。そこの木に生っている〝実〟は、決しておいしい果実ではなく、黒人が殺されていった果物なんだよという歌がありましたね。

川口　ビリー・ホリディの「Strange Fruit（奇妙な果実）」。

髙山　そう、そう。話を戻すと、アメリカ人に限っては有色人種は殺しても一切罪に問われないという格好で国を広げ、資源を奪っていった。そうやって原住民から乗っ取ってできたのが「アメリカ」という国で、それが「WASP（白人キリスト教徒）」で、いまではアメリカに定着した白人の国にした。そこに、第三国から多くの人が入ってきはじめた。彼らを「移民」と呼んでいるだけです。

アメリカの移民事情

高山 エリス島というニューヨークの自由の女神の隣の島に来て、欧州での身分を剝奪されて、みな平民として上陸します。日本人はエリス島からではなく、ロサンゼルスのサンペドロ港から上陸していますね。だから、エリス島から来た人たちだけを移民と認め、カラードを絶対に受け入れない姿勢がありますね。

川口 えーっ、入り口が差別の基準になっていたわけですか。ヒスパニックは？

高山 ヒスパニックには2種類います。ひとつは「チカーノ」で、元々メキシコ領だったカリフォルニアをとったときに、そこにいたメキシカンのことを言います。そしてチカーノを除くと、もうひとつは「不法移民」です。

川口 「新しく来た人」たちですね。

髙山　そういう言い方をしますね。チカーノはある意味で先住民扱いです。ただし、ヒスパニックについても、オバマになってから、届け出をすれば市民権を与えるというかたちをとってきています。

川口　ドイツでは、何年か穏当に暮らしていると、外国人でもドイツ国籍を得るチャンスが出てきます。私もその気になれば、とっくの昔にドイツ国籍を取れましたが、ドイツ人になるつもりはないので、いまも日本国籍のままです。でも、ドイツの国籍が喉から手が出るほど欲しいという人は、世界中にたくさんいます。

一方、アメリカの場合は、そこで生まれた子供は自動的にアメリカ国籍になりますから、アメリカ人がどんどん増えていきますね。昔は人を増やすのがアメリカの政策だったけれど、いまは「メキシコ国境に塀をつくれ」というトランプ氏のような人も出てきました。

髙山　個人的に面白かったのは、いまのオバマ・ケアではなくて、クリントン政権時に、瀕死の状態で、お金がない人たちのための一時的ケアというのが認められました。

たまたまそれに該当した日本人がいた。ロスにいたときに知り合った人でした。映画評論家で少しは知られていた女性ですが、その人が職がないというので、ロスにいた当時、仕事を手伝ってもらったことがありました。その後、アメリカ人の亭主に離婚されて、無職になって、病気にもなった。

川口　気の毒。

高山　日本だったら生活保護でしょうが、向こうはない。大変な窮状だったようですが、ある大団円があった。向こうでも一時的に「ケアを受けられます」という制度ができたそうで、ただその手引書のパンフレットが英語、スペイン語、これはヒスパニック用ですね、それからあとは中国語と韓国語だった。そして「日本語版がなかった」と教えてくれた。

要するに、日本人というのは、ヒスパニック、チャイニーズ、コリアンとはまったく違うんですよね。「だから私が適用第一号かもしれません」と言っていました（笑）。

川口　しかし、最近アメリカは移民に厳しくなっているように感じます。例えば、労働ビザなんかも全然取れなくなっています。高度な労働については、私のドイツの知り合いの若い青年で、アメリカの一流企業で採用されたんですが、ビザが取れるかどうかがわからないというのです。労働ビザは、たとえ雇用が確定していても、ほとんどくじ引き状態だと言っていました。

高山 ドイツ人に対してもそんなに厳しいの？

川口 移民は特に、健康である程度の学歴がないと、入れてくれません。

高山 どこかの学者が戦後まもなく渡米するとき――たぶんフルブライトだね――の話を書いていましたが、ハワイで入国手続きをする際に回虫検査とレントゲンの証明書を持っていかないと、入国できなかったと産経新聞に書いていた。産経の北京支局長で赴任した古森義久氏は１９９８年に北京で同じ目に遭ったと書いています。産経新聞は柴田穂からおよそ30年間、北京支局は閉鎖、記者は追放されていた。それが「支局を再開してくれ」と向こうから言ってきた。

川口 朝日新聞しか駄目だったという話ですね。

高山 記者追放直後はそうですが、その後は読売新聞もどこも全部ＯＫになった。ただ産経新聞の記者は、記者としては入国できず、記者の身分を隠して、「会社員」で観光旅行に行けるかというと、それも駄目でした。

川口 どうせ取材するだろうと思っているのでしょうね（笑）。

高山 それは、わかりませんが（笑）。それで１９９８年に古森氏が、北京支局の初代として行くときに、まず日中友好病院に行って、そこでレントゲンからエイズの検査まで全部受けて、病気持ちでないことの証明書を添付させられた。要するに戦後すぐにアメリカに行くのと同じようなものだという。「何様のつもりだ、エイズなんてお前らのほうが多いだろう」と古森氏は書いていましたがね（笑）。

深刻なドイツの移民問題

川口　スイスでもそういう話を聞きました。詳しい話は知りませんが、最近、ドイツ人の奥さん待遇で入っている日本人に聞いた話では、半年に1回レントゲンを撮らされるというのです。たぶん、「EU国民以外の外国人」というのでひとくくりにされているのではないでしょうか。「妊娠しているって言えば」と助言したことがあります。そうしたら撮らないで済むかと思いましたので。

髙山　スイスもいやらしいですね（笑）。

川口　スイスの話はさておいて、やはり、ドイツでのいまいちばんの問題は、難民、移民の問題です。去年1年で、110万人の難民希望者がきました。これから色々審査をするという前提はあるものの、入ってきてしまったからには、かなりの人たちが留まるでしょう。ドイツ国民が神経質になっているのも無理はない。

髙山　それでも、「難民を入れましょう」とか、「グローバリズムはいいことです」と言っている政治家は民主主義者で正しい政治家ということになっているわけですよね。

川口　そう言わない人は、ナショナリストか修正主義者扱い。これはまずいのではないかと心の中で思っていても、口に出せない雰囲気は、ふつうの国民のあいだでもずっとありました。ところが、それが今年の初めぐらいから、急速に変わりはじめています。政治家にも、はっきり物を言う人が増えました。

ナショナリズムという言葉はヨーロッパでは悪い意味ですが、ドイツ国内では難民問題がきっかけになって、良くも悪くもナショナリズムが出てきたというのは確かです。

髙山　難民の宿舎に火をつけるなどの犯罪ものすごく増えているようだね？

川口　去年から急激に増えています。でも、最近の難民宿舎の火事は、難民が自分で火をつけるケースも多い。一口に「アラブ」といっても、民族、部族、宗教が複雑に入り混じっているので内部での対立も多く、その他、待遇に不満で暴れるとか、警備が大変なようです。ただ警官は足りないので、民間の警備会社に委託する。ところが警備員にもやはり移民系が多く、結局、火に油を注いだような状態になってしまう。

自治体はとにかく気息奄々《きそくえんえん》、住民は治安が悪くなって、迷惑しているということもある。うまくいっている自治体と、乱れている自治体の差も激しい。ただ、建設業はもちろん、テントや毛布やコンテナハウスまで、難民関連の需要の伸びによる、いわゆる難民景気で儲かっている人もいるという、とても複雑な状態です。

髙山　しかも、産業界としては移民が欲しい。技術を持った人が来てくれれば大変ありがたい。技術を持ってなくても、安く働いてくれる人というのが欲しいわけだよね。

川口　それに、難民が生活保護など福祉の世話にならなければいけなくなったとしても、それは税金から支払われる。つまり、産業界は高度技術者が来ても、あるいは低賃金労働者が来ても、どちらでも損はしない勘定です。

ただ、一般の人たちは〝不安〟を感じています。「職を奪われる不安」や「自分たちも低賃金で働かなければいけなくなる不安」。「自分たちの生活にイスラム教が影響を及ぼすようになるのではないかという不安」……。

〝白人の利益〟を守るために「EU」はつくられた

川口　EUとは、「民主主義」とか「人権」とか「自由」とか、理想の世界の実現を想定していますが、でも、早い話、EUの壁の中だけの話です。では、壁の外の国についていて、どんな考えを持っていたかというと、それがはっきりしない。理想を謳っているわりには、やっていることは、一種の植民地主義の復活ではないかと思えるところがあります。

髙山　EU帝国というのをどんどん大きくしていって、それがNATO対ロシアという、政治的な動きにも便乗していたわけです。その時期にアメリカがリビアを潰し、シリアも荒らし始めた。やはり、中東は混乱させとけばいいというアメリカの外交方針です。それで難民が大量に発生し、欧州に向かってきた。EUのほうも想定してなかった大珍事です。面白いことには、みんな旧植民地の人たちだから、言ってみればEU側に責任がないわけではない。

日本は欧米の植民地帝国を壊した経緯があるので、「移民問題大変ですね」と日本が言うと、ヨーロッパ側は「このやろう！」と思うわけです（笑）。だから日本の評判というのは常に悪いわけ。ドイツでは第一次大戦前から、フランスやイギリスでは第二次大戦からの積もる恨みですね。

ただ、EUの問題をみるときに、なぜイギリスが離脱したのかという話になるのですが、第一次大戦でのヨーロッパの荒廃のように、やはり歴史があります。

1941年に大西洋上でプリンス・オブ・ウェールズの艦上でルーズベルトとチャーチルが会見して、「大西洋憲章」を出しました。これはどういうものかというと、通行の自由・経済発展をする。それから自分の欲しない政府は持たなくていいなどと、だいたいEUの理念と同じことを言っています。

川口　それ自体は、とても平等でいい話です。

髙山　それを聞いたときに、大喜びして出ていったのが、イラン皇帝のレザー・シャーと英領ビルマ首相のウー・ソオですね。

イランはイギリスとソ連が侵攻しようとしており、ビルマはイギリスに植民地支配されていました。それで私たちも好まない支配はいらない。独立したいと主張した。対してルーズベルトは彼らを追い払って、「大西洋憲章は白人のためのもので、お前らは対象外だ」と側近に話している。

彼らが意識していたのは、東欧の白人国家についてです。東欧の国々がナチスなど望まぬ支配から独立させようという意味だと。それはクリストファー・ソーンの『米英にとっての太平洋戦争』という本に詳しく出ています。「第二次世界大戦」と言っても、彼らの意識の中にあるのは、常に「ヨーロッパ」だけなのです。

川口　それが南欧か東欧か北欧かはひとまずおいて、とにかくヨーロッパの「白人クラブ」がEUなのでしょうね。

自分たちの利益を守るための、かなり排他的なクラブです。それ以外の国は、自分たちの利益に貢献してくれる地域として尊重する。安い労働力だとか、市場だとか。

髙山　そうだね。自分たちの利益を擁護するための組織でしかなかった。それを体裁よくああいう言い方をしたのですが、ある意味で国境を廃止するから自由な通行ができる枠組をつくり上げたわけです。

そうしたら予想もしていなかった欧州外のエチオピアやアフガンから、「EUに一歩でも足を突っ込めば難民扱いになる」といって入ってきた。トルコが嫌がらせにギリシャ領レスボス島へどんどん難民を送り込みますし、アフリカ側からはイタリア領のランペドゥーサ島、あの船が空に浮かんで見えるという景勝の地を目指すわけです。

川口　ランペドゥーサはチュニジアよりもシチリアのほうに近い。だから、島の人口より多くの難民が流れ着き、年がら年中、遭難者の救助ばかりしています。皆、ゴムボートとか、ひどいオンボロ船で来ますから、しょっちゅう沈む。

髙山　来る人たちというのは、言ってみれば「旧植民地民」ですよね。それで思い出すのは、かつてEUがここまで大きくなる前、90年代にイギリスとフランスが、これまで結構自由に旧植民地人が出入りするのを認めてきた。ところがエイズが出て、とにかく病院がいっぱいになってしまうわけです。そのときに、沖縄サミットがあった。イギリスのクレア・ショートが、「日本はアフリカを食い物にするドラゴンだ」みたいな言い方をして、アフリカに対する債権放棄を要求しました。

川口　イギリス人が言ったんですか?

髙山　イギリスの国際開発大臣、昔の植民地相に当たる人です。それで日本は言われた通り放棄しました、その放棄したカネで、イギリスは旧植民地にエイズ病棟をつくって、イギリスへの渡航規制をした。フランスも同時期にマリだとかセネガルだとか旧植民地からの渡航を規制しました。これで21世紀は移民とは手を切ったと思ったのでしょう。

そこにいきなり旧フランス領や旧英国領からの難民があいうかたちで入ってきました。イギリスが「かなわねぇ」というのも無理からぬところですよ。

「EU」は白人国家の「互助会」だ

高山　僕はEUを「互助会」と言っています。東欧や南欧を市場にして、それからドイツの工業力で貧乏国同士が肩を寄せ合ってひとつの経済圏をつくったのです。

川口　EUの最初である「欧州石炭鉄鋼共同体」は、最初6ヵ国でやっていました。イタリア、ドイツ、フランスとベネルクス三国ですね。もう戦争は懲り懲りなので、紛争の元であった石炭と鉄鋼を共同で管理しましょうという、理屈に合った話でした。その後、目標がだんだん変化したものの、ECの12ヵ国ぐらいまではよかった。ギリシャやポルトガルのようなお荷物が入っていたとはいえ、なんとなくまだ、「ヨーロッパ人で助け合って頑張ろう」みたいな志がありました。

しかし、その後、2004年の東方への拡大あたりから無理が出はじめました。E

Ｕはものすごい覇権拡張の意気に燃えているように感じます。
いや、覇権拡張を目論んでいたのはドイツだったかもしれません。ただ、ドイツはそんな気配は見せられませんから、それをＥＵという衣で覆っていた可能性もあります。いずれにしても、東方拡大を積極的に進めたのは、当時のシュレーダー政権でした。トルコまで入れようという話もありました。

高山　入れないのがはっきりしたのでトルコのエルドアンが怒りましたね。

川口　いえ、まだその交渉は続いています。難民問題にはトルコの協力が必要ということで、重要度が一気に高まっていますから、機嫌を損ねては大変なのです。

高山　どこまでもトルコを騙し続けようという魂胆でしょう。

川口　トルコは、ＥＵにとっても重要ですが、ＮＡＴＯにとってはさらに重要です。ＮＡＴＯの大切な空軍基地があるし、トルコがＮＡＴＯに背を向けたらロシアは喜ぶでしょうが、西側諸国は大変なことになりますから。

イギリスとドイツの駆け引き

川口　イギリスの離脱の話ですが、イギリスとEUは元々それほど相性がよくないのです。当時はECですが、それに対抗するものを作ろうとしてEFTAをつくりましたがうまくいかず、仕方がないのでECに加盟しようと思っても、今度はドゴールの妨害で入れてもらえませんでした。

それでドゴールが引退してから、73年、ようやく入りましたが、2年くらいすると再び、「これで本当にいいのか」と思ったらしく、国民投票をやっています。まあ、その結果、加盟は良しとされましたが、それ以後も、ユーロにもシェンゲン協定にも入らないので、ずっと勝手にパスポート検査してきましたし……。EU拠出金もまけてもらっていました。

髙山　いまのロンドン市長の言う週当たり3億5千万ポンドという数字は誇張されていますが、1億5千万ポンドは出しているでしょう。けっこうすごい金額ですよ。

川口　確かに、もらっているより支払っているほうが多い国であることは確かですが、当時のサッチャー首相が、イギリスはEUの農業政策の恩恵をまったく受けていないからという理由で、拠出金を値切り、そのままずっと来ていました。一筋縄では行かない国です。

高山　それでドイツは「離脱すると大変なことになる。大恐慌になる」などイギリスを脅かした。EU議会もそう。EU議会で、ユンケルという大統領が言いましたね。

川口　あのルクセンブルク人ですか？　酷かったですね。イギリス独立党党首のファラージュはEUの議員ですから、Brexit後のEU議会に出席していましたが、やおら「お前は離脱したのではなかったのか。ここで何をしている?!」ですからね。

ユンケル氏は、ルクセンブルクの首相として、コール独首相やシラク仏大統領らと一緒に、EUをつくり上げたという功績のある政治家ですが、いまでは巷の評判がとても悪い。いま、EUを襲っている危機にも全然対応できていないと非難されています。重病患者を前にしたとき、二つの方法がある。治療を変えるか、あるいは、いままでの薬の量を増やすかだが、ユンケル氏の思考は、ヨーロッパがどんどん大きくなっていくと信じられていた時代に留まっており、誤った薬を増やすだけだとか。

いずれにしても、イギリスを懲らしめてやろうというEUの目論見は、はたしてうまくいくかどうか。その証拠に、さっそく、なんだかサッチャー首相の再来のようなタカ派っぽい首相が出てきて、フラージュを外務大臣に据えたじゃないですか。ドイツの政治家はあっけにとられていましたね。

ドイツでは、「イギリス人は、Brexit（British+exit の造語。イギリスがEUを脱退すること）がどんな影響を及ぼすか知らないで投票した」みたいに、イギリスをバカにしたような報道が多かったけれど、なんの、なんの、イギリスはタフです。

髙山　EUはEUで、離脱後はいままでの特典を全部とってやると（笑）。

川口　でも、相手がイギリスですから、舞台裏ではかなり熾烈な綱引きになっていくと思います。EUはいま、まとまりが悪いし。

髙山　より戻しがどこまでいくかですね。でも、やはりイギリス人は、もう戻ろうと思わないのではないですか？　難民問題を抱えていて、イギリス自体がEU市場としてどこまで将来性があるのか、見極めるいい機会でしょう。

川口　まあ、交易もあることだし、国防も絡んでいるし。

髙山　だからイギリスだって膝を屈することはない。屈すれば、今後はフランスにもドイツにも頭が上がらない。欧州では3番目の国になってしまいます。

川口　それでスコットランドがEUに残留を決めたら、大ブリテンではなくただのイングランドになる。

高山　ウェールズもそんなことを言っていますね。

川口　どうなることやら。

「国民投票」の危うさ

高山　あと、「国民投票」というのがよくわからない。ヨーロッパではしょっちゅうやっていますか?

川口　ドイツでは、国政レベルではやらないことになっています。例外は、領土や州の境界線が変わるときだけ。州や自治体では認められていますが、ほとんどありません。

高山　そうか、ドイツではヒトラーが任期を延ばすのにつかいましたからね。ナポレオンもそうです。

僕の思い浮かべる国民投票は、「アラモを忘れるな」ですかね。メキシコからテキサスを独立させるとき、アメリカからの入植者が勝手に国民投票して、「さあ、メキシコから独立だ」とやった。その連中がアラモ砦でメキシコ軍の前で全滅した。これを利用してアメリカは国民を煽り、テキサスを奪ってアメリカに併合した。

ナポレオン3世も、ド＝ゴールもやっていますし、ナチス・ドイツによるオーストリア併合のときも国民投票が行われました。

川口　２００５年には、ＥＵ憲法を認めるか認めないかというのをフランスが国民投票にかけて、シラク大統領が締結に尽力したのに、いざ蓋を開けると自国の国民投票で「ＮＯ」と言われて大慌てというのがありました。

髙山　だいたい日本でも、大阪都構想で橋下徹が敗れてやめましたが、だいたい代議制度・間接統治という民主主義のかたちを無視して、エモーショナルで流されやすい国民投票に委ねるのは如何なものでしょうか。

川口　国民投票は、直接民主制のスイスなどでは頻繁に行われていますが、しかし政治において色々なことを決めるのは複雑な知識がないといけません。すべての国民がそこまでの知識を得られるわけはない。だから専門の代議士を選んで、その人たちにやってもらう「議会民主主義」がいちばん良い方法だと思います。

高山　そのほかに私が知っている国民投票の例はホメイニーが行ったものですね。ホメイニーがイランをイスラム教国にするというものです。

川口　国民投票に諮《はか》ったのですか？

高山　そういう憲法を発布して、国民投票をやりました。さらに、それをイラン、イラク戦争の勃発とも重ねたわけです。さて投票箱を開けたら99％で承認されたとか言いましたが、国民は誰も賛成していない。だから、みんなビックリした。

川口　数え方を間違えたのでしょうか（笑）？

高山　投票箱はみな破棄したのです（笑）。大体国民投票はうまくいかないのが当たり前です。うまくやるときはホメイニー式で、自分たちで投票結果をいじれる場合しかやらないわけです。「日本国憲法」も、結局「変えさせない」ために国民投票を入れています。国民投票自体がいかがわしいですよ。

そもそも国民投票をやろうにも、「国民投票法」すら戦後60年も日本にはありませんでした。それで第一次安倍政権は国民投票法をつくりましたからね。しかし、元々その国民投票というのは、色々みてわかるように、ものすごいインチキが伴います。さらに流されやすい。今回のイギリスのようになるわけです。だから今度憲法改正やりましょうといったら、朝日新聞やテレビが騒いで通るわけがない。

川口　国民はやはりインフォームされないというか、情報をやはり受けきれないんですよね。いまでも日本には、「えっ？　ドイツの原発はまだ動いてるんですか？」という人が結構いるんですから。南京虐殺があったと信じている人もたくさんいる。

高山　繰り返し、繰り返し言わないと駄目なんですよ。

川口　しかし、それができるのはテレビなどマスメディアですから、その人たちが勝っちゃうんです。これはドイツも同じですけどね。

高山　まあ、本当にめちゃくちゃですよ。日本の「報道の自由」が下がっているといいますが、それはテレビ局、新聞側の責任です。

川口　勝手に「自主規制」していますから。

高山　どうしてこんなバカがまかり通るのか。その原因はやはり、半分以上歯止めを失った朝日新聞にあります。

10年後の日・米・独

高山　さて、そろそろ総括していきましょうか。まずアメリカですが、かの国が世界を牛耳る源泉は、やはりウォール街でしょう。でも、ウォール街とシティの競争がウラでは行われている。モルガン・スタンレーがいち早くフランクフルトへ移るとか言い出しましたからね。この前のパナマ文書はアメリカの意図丸出し。イギリスだけでなく、中国への牽制も兼ねていたようですね。

川口　だから私は、パナマ文書はＣＩＡが後ろにいるんだと思っています。

高山　イギリス系は主にケイマン諸島とかですかね。要するに、ウォール街とシティというのは結構張り合っていたはずですが、今度もアメリカはイギリスの危機に冷たいですね。

川口　何か言うのは、トランプだけですね。

高山　そうそう。だからアメリカが冷たいのは、イギリスがまだ持っている底力を弱めて、ウォール街が握ろうとしているところがあるのではないでしょうか。やはりアメリカは、自分のところに資源も軍隊も持っていて、いちばん強いですよね。日本の保有分も含めたGOLD（金）もアメリカに保管されています。日本人の多くが知らない話ですが。

川口　ドイツが少し取り返しに行きましたね。

髙山　フランスもド＝ゴールのときに取り返しました。言いたいことを言えない日本は、800トンほど持っているはずですが、それをアメリカの金庫に置いてあります。

ドルもまだまだ強い存在のままでいると思いますし、ドイツは少し長い目で見ると、今回の難民問題というのは尾を引くでしょうね。いつまでも、EUが力を持ち続けるとも思いません。

一方、日本はどうかというと、少しずつ目覚めつつあります。いま最高の図面を描くとしたら、安倍晋三がいて、プーチンがいて、という構造でしょう。インドのモディとも仲が良いですしね。

日本というのは周りがものすごく早い海流に取り囲まれて、ドーバー海峡の何倍もきついところです。中西輝政氏が何かの媒体に書いていますが、本当に流れが違っていてドーバー海峡は泳いで記録達成できるけど、日本海は朝鮮に船で渡ることもできない。もちろん遣唐使だってずっと南回りで、済州島の南側から寧波や上海のほうに行くのがルートになっている。というわけで、ものすごく大回りしないと大陸から日本列島へは行けません。

だから日本の防衛というのは、もう9割方「自然」がやってくれていて、残りの1割が「軍事力」です。それはいまアメリカが代行していますが、フビライもスターリンも破れなかった日本列島線を、いま習近平が破ろうとしています。

これを乗り切れるかどうかです。先に説明しました海洋資源に目を向けると、もっと明るい将来というのを築けると思います。将来がある国というのは最早、日本しかないのではとも思います。中国はもう限定的ですし、アメリカも条件付きですね。ドイツも条件がつきますが――。さらに、日本には人的資源がありますしね。

川口　アメリカに関しては、髙山さんのおっしゃったのと私も同じ意見で。たとえ腐っても鯛というか、この力はまだまだ衰えないでしょう。特に、金融を握っていますから。

ドイツについては、「ドイツ＝ＥＵ」みたいなところがあります。メルケル首相が今年秋のＣＤＵ党大会でまた党首になれば、来年秋の総選挙のあと、第４期メルケル政権が成立する確率が高くなります。4期目をやったとして、終わるのが2021年。実は、脱原発のリミットが2022年です。

あそこまで言っているのだから、原発は22年に本当にすべて停めるかもしれません。ドイツの場合、日本にはない好条件があるので、やってやれないことはありません。ドイツはさらに、罪なことに他の国にも再エネへの早急な転換を勧めています。そこでフランスも、現在80%近い原子力発電の比率を、徐々に減らすと言い出しています。そういうふうになってくると、いまのドイツの問題がEUに拡大されることになる。ドイツは、エネルギー問題はEUレベルで解決できると言っていますが、皆が再エネ問題を抱えるとそうはいかない。助けられるのは東欧やロシアだけで、これでは安全保障が脅かされます。いずれにしても、メルケル首相はいちばんいいところで辞めるということです。

ただ、その後遺症はだんだん出て来るでしょう。これから10年先には、メルケル氏の負の遺産がドイツを蝕むと思います。「脱原発」と、「無謀な難民政策」と、そのために周辺国で復活してきた「ドイツへの反感」です。10年後にまだEUがいまのようなかたちで存在しているかどうかはわかりませんが、もしあったとすれば、かなり混乱しているEUというのが目に浮かびます。

それで最後に日本ですが、これもちょっと読みにくい。エネルギーのことばかりになって恐縮ですが、原子力発電所をスムーズに再稼働できるかどうかにかかってくると思っています。もし動かなかったらどうするかというと、結局高いオイルとガスを買い続けるわけです。円が高かろうが、安かろうが、また、原油やガスの値段が、上がろうが、下がろうが、それを買い続けなければならないのです。

ロシアも何を考えているかわからないし、中東はおそらく不穏なままでしょう。タンカーや貨物船が、石油や石炭を運んでくる海峡だって、平和な海になっているとは思えません。ひょっとすると、買えなくなるかもしれない。そうなれば、日本はおしまいです。石油の備蓄は210日、天然ガスは2週間です。ウランなら、備蓄はずっと楽です。使用済み燃料を「再処理」できれば、自前の資源までできる。原発を動かすことが、日本が豊かさを取り戻すための最低条件だと思っています。

高山　まさにその通りですね。

僕は日本の将来を握っているのは「ジャーナリズム」だと思います。新聞が半年でもまともなことを書けば、もうまったく変わってくるでしょう。原発についてもセンセーショナルに嘘を書きたてていますが、あれを少なくとも半年でも事実を書けば流れが変わる。僕が日本に将来があると言っているのは、新聞がまともになるという前提があってのことです。

諸悪の根源、朝日新聞を〝仕事として読む〟ところがあります。それはテレビ局です。90年代の末、フジテレビの「おはようナイスデイ」という番組で、週に3回くらいコメンテーターをやっていたのですが、そのときの資料のもとネタがスポーツ紙以外は全部朝日新聞だったのです。その後NHKも一回出たことありますが、こちらも資料はたいてい朝日でした。つまり、俗耳にいちばん入れやすい立場に立っているのは、実は朝日新聞なんです。だからワイドショーのディレクターはもちろん反原発であり、反戦であり、反自民です。それから日中友好であり、日韓友好なのです。

だから極端な言い方をすれば、朝日新聞を除去してしまえば、毎日新聞は真似るところがなくなります。東京新聞もなくなりますね。あとは読売と産経がいれば持ちこたえるでしょう。コントロールを失った朝日新聞がなくなれば、日本はまともなジャーナリズム精神をある程度取り返せるでしょうしね。産経新聞が読まれて、阿比留瑠比氏みたいな人が注目を浴びて、やはり世の中が変わってくるはずですね。川口マーン恵美の本が売れているというのもひとつの変化ですよ。まだワイツゼッカーの言葉をありがたがっていたころ、川口さんの本が出たら、正直誰も読んでくれなかったと思いますね（笑）。

川口　最後にひとつだけ。「民主主義」に関していえば、アメリカとかフランスが民主主義の権化で、日本にはかつて一度も民主主義がなかったかのように言われていますが、実際には古来の日本は、独自の民主政治が立派に行われていた国だと思います。西洋の民主主義を真似しはじめてから、おかしくなった。だから日本人がもっとそれを自覚すれば、自ずと民主的に国が回る可能性は高いと思います。

「ドイツを真似しなきゃ」「アメリカを真似しなきゃ」と思っている限りは駄目でしょう。

あとがき

大学では水泳部にいた。インカレにも出場した。大学対抗の水球大会にも出た。そのころは、どこの大学でも水に飛び込む号令は「アイン・ツバイ・ドライ」だった。

男子学生の第2外国語はドイツ語に決まっていた。ギョエテと書いてゲーテと読むことを初めて知った。学生はまずデカルト、カントに始まってマックス・ウエーバーやヤスパース辺りに辿りついて卒業するのが相場だったように思う。

そんな変な本を読む前、子供のころだって零戦、隼の次にはもうメッサーシュミットが来ていた。あの醜いヘルキャットなどどの子も振り向きもしなかった。

そういう思いはドイツ側も同じだろうと思っていた。現に社会部で事件記者をやっていたころだったか、西独特派員に出ていた記者から「次はイタ公抜きでやろうぜとドイツ人に言われた」と嬉しそうに話していた。

イタリア人は信用ならない。三国同盟を離脱するのは構わない、そっちの都合だか行って日本から賠償を持ってら。でも、戦後は「最初から連合国軍の一員」みたいな顔して日本から賠償を持って行った。

信義がない。そこにいくとドイツ人とは——ホロコーストは除いて——何かしら信頼し合えるものがあると、納得して聞いたものだ。

ただ、それはみんな日本という特定の場所にいたときの感覚だったように思う。ひとたび他所の国に出て、その国の感性を通して見るとまったく違うドイツに出くわす。

例えば米国だ。ハリウッドの連中から「ではピオリアはどうだい」という言い方を教わった。ヤクルトスワローズが合宿に行くアリゾナ州の町ではなく、イリノイ州の同名の地名のことで、そこはドイツ人移民の町で知られる。彼らハリウッド人種に言わせると、ドイツ系というのは「みな堅苦しく、面白味がない」という意味になるらしい。

だからその作品がピオリアでも受ければもう大ヒット間違いないほどの意味になる。

日常の言葉にもそんな感覚がある。仏語由来の言葉がやたら多いのにドイツ語系はTB（結核）かBlitzkrieg（電撃戦）くらいしか耳にしない。日本語系の寿司や津波、布団なんかより少ないかもしれない。

これは西尾幹二先生の話だったか、ドイツ人の性格はどこか野暮ったい、いま一つ洗練さがないという。例えば、日本の70年安保闘争に重なる時期、欧米で結構な反政府、左翼闘争が起きた。パリのカルチェラタンは知られたが、それなりに騒いで終わったのに対し、ドイツはバーダーマインホフで知られるように、程度も知らない、突っ込んで殺しまくっておよそ美的感覚のない闘争に終始した。日本赤軍も似ている。一途と言うにはあまりに泥くさい。

同じように中東に出ても、日本で育んできた像とは別のドイツ人像が見える。で、改めて日本の歴史を見直すと、例えば、義和団でも日支事変でも紛れもない醜いドイツ人がいた。第二次上海事変では支那軍に独軍制式銃を供与し、教練を施し、日本軍にぶつけてきた。一方の手で日本とは三国同盟を結びながらだ。

日本人には到底理解できないユダヤ人迫害でもそうだ。ゲシュタポ上がりの駐日大使ヨーゼフ・マイジンガーは上海の日本租界に逃避してきたユダヤ人を「廃船に詰め込んで長江に流して殺せ」と日本に要求もしている。

その流れは戦後も続く。とくに米国がつくった日本自虐史観の根拠地、外国人記者会でその活動に最も邁進したのが同じ敗戦国仲間の、そしてホロコーストをやったドイツの新聞だった。南ドイツ新聞のゲプハルト・ヒルシャーは「日本人は過去の過ちを反省していない」だけをひたすら語り、靖國の意味すら理解しようとしていない。で、語るのが「ドイツ人は反省している」と「悪いことはみんなヒトラーのせいでドイツ国民も被害者」というワイツゼッカーの詭弁を振りかざす。

後任のヘンリク・ボルクはマイジンガーと同じ。日本人を蔑視し、皇太子殿下と雅子様を論じて「不能」と最大限の屈辱を書いた。言葉を失う無礼だ。

フランクフルターアルゲマイネツァイトゥンクのゲルミスも同じ。朝日新聞が慰安婦の嘘をやっと認め、日本人が胸のつかえをやっとおろしたところで、日本に4年もいたこの記者はそれを無視して「慰安婦は真実」「安倍は歴史を改竄」と書いた。外務省に抗議されると言論弾圧と居直ってさらに日本批判する。ドイツ人は「次はイタ公抜きでやろう」なんて絶対に言うはずもない。

そんなドイツ人の別の顔を日本人は実は知らないわけではない。知っていながら、なぜかそれに心に留めない。その不思議は別にドイツ人だけに限らない。スイス人もウイリアム・テルよりゲスラー型が多い。まして米国だ。今ではドイツの手を引いて日本処理をするこの国も、これ以上ない醜い素顔を持っている。

鈍い日本人の外交感覚もこの辺に根ざしているような気もする。それにどう対処するのか。戸惑っている時期に、音楽家であり、ドイツ人の家族を持ち、ドイツに在住するマーン川口恵美女史と知り合う機会があった。

女史の感性は日本を離れて暮らしながらバランスのある、そして日本的な旋律も感じさせる。憂国忌でのワーグナーと三島由紀夫の講演は一篇の幻想曲にすら聞こえた。

そういう不思議な女史とドイツ、アメリカ、そして日本を語る機会をKKベストセラーズ社につくっていただいた。世界をそれなりに知っているつもりの日本人が見落としていた視点をこの機会に女史から思い切り聞き出したつもりだ。

最後に対談では個人的な興味が先行したため、言い出せなかったことがひとつある。それは戦前TDKの武井武が非金属磁石フェライトを発見した話に絡む。いまのステルス技術の素になる大発見だ。これに狡い国オランダのフィリプス社が関心を寄せてフェライトのサンプルを取り寄せ、先の戦争中に勝手に特許を取得した。戦後、オランダは白人戦勝国の権威で日本に盗んだ特許を無理やり呑ませたが、ドイツは「いや特許権は武井のもの」と頑として筋を曲げなかった。

ときに良さそうな振りもする。国際社会は魑魅魍魎と言ってしまえばそれまでだが、ドイツ人もヒルシャーだけではないことを付け加えておく。

平成28年9月　久しぶりに海の凪いだ伊豆下田にて

高山正之

高山正之（たかやま・まさゆき）

ジャーナリスト。

昭和17年、東京生まれ。東京都立大学卒業後、産経新聞社入社。社会部デスクを経て、テヘラン、ロサンゼルス各支局長。平成10年より3年間、産経新聞夕刊1面にて時事コラム「異見自在」を担当し、その辛口ぶりが評判となる。平成13年から19年3月まで帝京大学教授。『週刊新潮』に連載中のコラム「変見自在」は熱狂的ファンも多く、高い人気を集めている。

著書に『アメリカと中国は偉そうに嘘をつく』（徳間書店）、『変見自在 マッカーサーは慰安婦がお好き』『変見自在 習近平よ、「反日」は朝日を見倣え』（新潮社）、『アジアの解放、本当は日本軍のお陰だった』（ワック）など多数ある。

川口マーン惠美（かわぐち・まーん・えみ）

作家。拓殖大学日本文化研究所客員教授。

大阪府生まれ。ドイツ・シュトゥットガルト在住。日本大学芸術学部音楽学科ピアノ科卒業。シュトゥットガルト国立音楽大学大学院ピアノ科修了。

著書に『ドイツ流、日本流』『ドレスデン逍遙』（草思社）、『住んでみたドイツ　８勝２敗で日本の勝ち』（講談社）、『ドイツで、日本と東アジアはどう報じられているか？』（祥伝社）、『ドイツ料理万歳！』『ベルリン物語』（平凡社）、『証言・フルトヴェングラーかカラヤンか』（新潮社）、『ヨーロッパから民主主義が消える』（PHP研究所）など多数ある。

日・米・独——10年後に生き残っている国はどこだ

2016年10月30日　初版第１刷発行

著者　髙山正之・川口マーン惠美

発行者　栗原武夫
発行所　KKベストセラーズ
〒170-8457
東京都豊島区南大塚2-29-7
電話 03-5976-9121
http://www.kk-bestsellers.com/

印刷所　錦明印刷株式会社
製本所　株式会社フォーネット社
ＤＴＰ　株式会社オノ・エーワン
装幀　神長文夫＋柏田幸子
撮影　さとうわたる(PUA NA PU)
編集協力　漆原亮太(啓文社／編集プロダクション・アカデメイア)

ISBN 978-4-584-13752-9　C0095